Michael Mary
Frieden schließen mit dem Kind in uns

W0179793

MICHAEL MARY

Frieden schließen mit dem Kind in uns

Wie wir uns von Einflüssen
der Vergangenheit befreien

PIPER

Mehr über unsere Autoren und Bücher:
www.piper.de

Von Michael Mary liegt im Piper Verlag vor:
Die Liebe und das liebe Geld

MIX
Papier aus verantwor-
tungsvollen Quellen
FSC® C083411

ISBN 978-3-492-06149-0
© Piper Verlag GmbH, München 2019
Satz: Kösel Media GmbH, Krugzell
Gesetzt aus der Adobe Garamond
Litho: Lorenz & Zeller, Inning am Ammersee
Druck und Bindung: CPI books, Moravia
Printed in the EU

Inhalt

*Sich mit dem Inneren Kind zu befassen hat zum Ziel,
nachteilige Einflüsse der Vergangenheit auf das
gegenwärtige Leben zu erkennen und aufzulösen —
um ein erfülltes und selbstbestimmtes Leben zu führen.*

Vorwort

Vielleicht interessiert es Sie, wie ich zur Arbeit mit dem Inneren Kind kam und warum ich ein Buch zu diesem Thema schreibe. Das ist schnell erzählt. Mitte der 1970er-Jahre begann ich mit Improvisationstheater, gab Workshops zu dieser Methode und trat als Mime auf. Da man bei solchen Improvisationen weder auf einen Text noch auf ein Drehbuch zurückgreifen kann, sondern ohne Vorgaben auf die Bühne geht, spielte ich sozusagen stets mich selbst. Nach einiger Zeit fielen mir bestimmte Muster auf, wiederkehrende Verhaltensweisen, die ich mir oder anderen gegenüber zeigte. Damit erwachte mein Interesse an Selbsterfahrung und Therapie. Ich wollte wissen, was hinter meinem Verhalten steht.

In den folgenden Jahren befasste ich mich sehr intensiv mit verschiedenen Formen der humanistischen Psychologie, die sich vor allem mit der Selbstentfaltung des Einzelnen befasst. Hierzu gehören beispielsweise Atemarbeit, Körper- und Gestalttherapien, Bioenergetik und Encounter-Gruppentherapie – also vor allem körperliche und emotionale Methoden der Selbsterfahrung. Später kam dann die Auseinandersetzung mit konstruktivistischen und systemischen Ansätzen hinzu. So entstand nach und nach meine eigene Arbeitsweise, die ich »Erlebte Beratung« nenne.

Bei meinen Aktivitäten nahm die Erforschung des Einflusses, den die Vergangenheit auf mein Verhalten und meine Lebenserfahrungen ausübt, einen wichtigen Platz ein. Ich habe meine Geburt in verschiedenen Varianten durchlebt, die Spuren verfolgt, die Erziehung und Familie in meiner Wahrnehmung hinterließen, etliche Zwänge aufgedeckt, die mich in bestimmte Verhaltensweisen trieben, und verschiedene Möglichkeiten und Grenzen persönlicher Veränderung erkundet. Nicht nur beruflich, sondern auch durch private Einschnitte und Krisen war ich motiviert, mich mit der Vergangenheit und der Frage zu befassen, wie deren negative Einflüsse aufgehoben werden können.

Aufgrund dieser Erfahrungen darf ich mich als einen Pionier im Umgang mit dem Inneren Kind betrachten. Seit Beginn der 1980er-Jahre gebrauche ich diesen Begriff: einerseits im Zusammenhang mit der Arbeit an sich selbst, andererseits im Rahmen der Begleitung von Klienten in meiner Beratungspraxis. So entstand auch das 14-tägige Seminar *Der Zyklus: Das Innere Kind*, das ich zusammen mit meiner Frau, der Psychotherapeutin Henny Nordholt, 15 Jahre lang leitete und das sich intensiv mit Vergangenheitsbewältigung befasst. Mein erstes Buch, in dem ich das Thema aufgegriffen habe, erschien 1986, im Jahr 1999 folgte ein zweites.[1]

Meine Umgangsweise mit dem Thema hat nichts mit der in esoterischen Kreisen verbreiteten Idee der »Heilung des Inneren Kindes« zu tun. Ich denke nicht, dass das Innere Kind krank ist und einer Heilung bedarf. Ich halte das sogar für Unsinn. Denn mit Krankheit oder einem falschen Leben haben die emotionalen Krisen des Lebens oftmals nichts oder nur wenig zu tun. Daher gefällt mir die Rede von der »Heilung« des Inneren Kindes nicht. Denn hier deutet sich ein heilsversprechender Umgang mit dem Instrument »Inneres Kind« und mit Gefühlszuständen an.

Wer davon ausgeht, sein Inneres Kind sei krank und müsse geheilt werden, der verspricht indirekt, emotionales Leiden wäre zukünftig vermeidbar. Diese Erwartung gehört zu den unerfüllbaren Glücks- oder Erlösungserwartungen unserer komplexen Zeit, sie ist Teil des leider sehr verbreiteten Machbarkeitsdenkens. Das Machbarkeitsdenken ist aber nicht deshalb so populär, weil man heute über besonders effektive Methoden im Umgang mit Problemen verfügen würde. Das glatte Gegenteil trifft zu. Man sehnt sich nach Machbarkeit, weil die Verhältnisse so ungeheuer komplex geworden sind und man deshalb immer weniger »machen«, also planen und strategisch angehen kann.

Worauf es ankommt, ist also nicht die »Heilung« der Gefühle, sondern ein Umgang mit Gefühlen, der es dem Einzelnen ermöglicht, Konflikte zu bewältigen und mit sich selbst in Übereinstimmung zu gelangen. Es geht darum, nachteilige Folgen eines in der Vergangenheit entstandenen Weltbegreifens aufzuheben. Vorausgreifend würde ich formulieren: Was damals zu tun sinnvoll war, ist heute oft schädlich. Und was damals besser nicht getan wurde, will heute getan werden.

Inzwischen hat der Begriff »Inneres Kind« Karriere gemacht, es gibt etliche Bücher dazu und der Umgang mit dem Inneren Kind ist in einigen therapeutischen Schulen etabliert. Auch die Wissenschaft hat sich mittlerweile dem Standpunkt angenähert, dass in frühester Kindheit, bei der Geburt und vor allem in den ersten Lebensjahren gemachte Erfahrungen prägend für ein ganzes Leben sind. Es wird inzwischen sogar von einer »pränatalen Prägung« durch vorgeburtliche Eindrücke ausgegangen.

Aber auch in der Gesellschaft ist das Thema mittlerweile angekommen, und daher möchte ich in diesem Buch alles zum Inneren Kind vermitteln, was mir aus meiner knapp vierzigjährigen Erfahrung heraus wichtig und bedeutsam erscheint. Begeben wir uns also auf die Spur des Inneren Kindes.

Das Innere Kind –
eine Annäherung

Was soll das sein, ein »Inneres Kind«? Gibt es so etwas? Und wenn ja, wo soll es sich aufhalten? Schiebt man jemanden in einen Computertomografen, dessen Bilder scheibchenweise Auskunft über das Innere unseres Körpers geben, ist nirgendwo ein Inneres Kind zu finden. Es verbirgt sich weder im Körper noch im Gehirn eines Menschen. Der Ort, an dem es sich aufhält, ist die Psyche.

Die Psyche bestimmt, wie sämtliche Wahrnehmungen gedeutet werden, sie bestimmt, was man für wahr hält und für sinnvoll erachtet und sie legt fest, wie man sich aufgrund dessen verhält. Die Psyche bestimmt über die Haltungen, die jemand sich selbst, den Menschen und der Welt gegenüber einnimmt und sie bestimmt über alle Handlungen, die jemand tätigt. In der Psyche werden sämtliche Weichen des individuellen Lebens gestellt. Sie ist jener bedeutsame Ort, an dem ein Mensch über sein Leben entscheidet – zumindest, soweit er das selbst beeinflussen kann.

Die Psyche kann ihre Festlegungen allerdings weder willkürlich noch beliebig treffen. Sie ist für ihre Beurteilungen und Anweisungen auf Erfahrungen angewiesen. Diese Erfahrungen nehmen ihren Anfang bereits mit der Zeugung eines Menschen, durch hormonelle Einflüsse auf den Organismus, und sie setzen sich während und nach der Geburt fort. Am bedeutsamsten jedoch sind die prägenden Eindrücke der ersten Lebensjahre. Jener Jahre, in denen ein Mensch versteht, wie das Leben *ist*.

Wie *ist* das Leben? Wie funktioniert es? Worauf kommt es dabei an? Wie muss man sich darin verhalten? Muss man sich im Leben anstrengen? Muss man sich anpassen? Vernünftig sein? Muss man kämpfen? Ist man liebenswert? Darf man sich zeigen, wie man ist? Welche der im Lauf einer individuellen Entwicklung gewonnenen Überzeugungen sind wahr oder unwahr, richtig und falsch, welche der dazugehörigen Haltungen erweisen sich als hinderlich oder Leid bringend? An welchen sollte man festhalten, welche aufgeben?

Solche Fragen sind objektiv nicht zu beantworten. Zum einen hängt die Sinnhaftigkeit oder Sinnlosigkeit eines Verhaltens von den konkreten sozialen Umständen ab. Und zum anderen wird jedes Individuum diese Fragen anders beantworten, die Antworten lassen sich nicht verallgemeinern. Nur eines steht mit Sicherheit fest: *Viele grundlegende Wahrheiten und Überzeugungen über das Leben, die sich unter den Umständen der Kindheit in der Psyche festgesetzt haben, sind im Erwachsenenleben noch wirksam.*

Insofern verfügt jeder Mensch über ein Inneres Kind. Und zwar aus dem einfachen Grund, dass sich bei jedem in der Kindheit die grundlegenden psychischen Strukturen bildeten, auf die er sein Leben aufbaut. Diese psychischen Strukturen bestehen aus *Erwartungen*. Man glaubt zu wissen, wie das Leben funktioniert, man erwartet, was einen erwartet und weiß deshalb, wie man sich zu verhalten hat. Man *glaubt* zwar nur, all dies zu wissen, das jedoch mit felsenfester Gewissheit. Und merkt nicht, wie man vergangene

Erfahrungen wiederholt, die man nur deshalb für wahr hält, weil man sie wiederholt.

Wer beispielsweise glaubt, dass man sich im Leben anstrengen muss, der wird irgendwann müde, erschöpft und leer sein, weil er sich permanent überfordert. Dieser Zustand ist dann Beleg für die Überzeugung, das Leben sei anstrengend. Wer glaubt, dass man sich anpassen muss, wird sich verleugnen und die Erfahrung machen, hintanzustehen. Was ihm wiederum beweist, dass einem nichts anderes übrig bleibt, als sich anzupassen. Wer glaubt, nicht liebenswert zu sein, wird andere meiden und daher kaum Bestätigung erfahren, was nur belegt, nicht liebenswert zu sein. Wer glaubt, kämpfen zu müssen, wird Gegner suchen und finden und dann erfahren, dass sein Leben ein ständiger Kampf ist.

Man kann also sagen: *Was man über sich, die Menschen und das Leben glaubt, hat die fatale Tendenz, sich zu bewahrheiten.*

Das Vertrackte an diesen mitgebrachten, scheinbaren Wahrheiten des Lebens ist, dass sie unbewusst wirken: Man kann die eigenen psychischen Strukturen nicht unmittelbar erkennen. Man kann sie meist nur anhand ihrer Wirkungen identifizieren, anhand der Spuren, die sie im Leben hinterlassen und anhand der Folgen, die sie herbeiführen: Wenn man sich zum Beispiel in irgendeiner Sackgasse befindet, wenn man schlecht mit sich, dem Lebenspartner, den Menschen oder der Welt klarkommt.

Die Folgen solcher unbewusst reproduzierten Verhaltensweisen, die ihren Ursprung in der Vergangenheit haben, zeigen sich in eingeschränkter Lebensfreude, in öder Langeweile oder quälenden Sinnfragen, in sich wiederholenden unerfreulichen Lebenslagen, im Getriebensein, in unerfüllten Sehnsüchten oder in Lebenskrisen. Wer von solchen

Folgen betroffen ist und ahnt, dass seine Vergangenheit sein gegenwärtiges Leben erschwert, für den ist es sinnvoll, sich mit dem Inneren Kind zu befassen. Denn der Umgang mit dem Inneren Kind bietet die Möglichkeit, sich von den Lasten der Vergangenheit zu befreien. Es geht darum

- zu erkennen, wo und wie das Innere Kind Einfluss auf das Leben nimmt;
- nachzuvollziehen, wie man bestimmte Lebenserfahrungen aufgrund psychischer Mechanismen wiederholt;
- nachteilige Deutungen, Überzeugungen und Wahrheiten aufzuspüren, die sich in der Kindheit gebildet haben und bis heute wirken;
- bestimmte psychische Strukturen auf gedanklicher, emotionaler und körperlicher Ebene aufzulösen und
- die Vergangenheit durch eine Neubewertung »umzuschreiben«.

Mit anderen Worten: Es geht darum, im Umgang mit dem Inneren Kind zu besseren Lebenshaltungen und mehr Lebensglück zu finden.

Mit diesen Punkten werden wir uns im Folgenden beschäftigen. Im zweiten Teil des Buchs stelle ich Ihnen dann verschiedene Übungen vor, mit denen Sie eigene Erfahrungen mit dem Inneren Kind machen und diese schrittweise vertiefen können. Dabei wünsche ich Ihnen viele gute Erkenntnisse und Erfolg.

Teil I

Wie das Innere Kind Einfluss auf die Welt und das Leben nimmt

Bevor ich detailliert beschreibe, *wie* das Innere Kind Einfluss auf unser Leben nimmt, möchte ich kurz auf zwei Aspekte eingehen. Erstens auf die Frage, ob das Innere Kind auch positive oder nützliche Seiten hat. Zweitens möchte ich andeuten, wie umfassend die private und öffentliche Welt vom Wirken Innerer Kinder geprägt ist. Das Thema betrifft, direkt oder indirekt, jeden Einzelnen.

Ein Inneres Kind ist kein Makel, es hat nichts damit zu tun, nicht erwachsen zu sein. Der Begriff »Inneres Kind« repräsentiert die emotional dominierte Wahrnehmung, die Gefühlswelt eines Menschen, und Gefühle sind nie erwachsen. Was sollte an Lachen, Tanzen oder Singen, an Fröhlichkeit und Glücksgefühlen »erwachsen« oder »vernünftig« sein? Ebenso an Traurigkeit, Wut, Enttäuschung und Ängsten? Wir alle sind in vieler Hinsicht Kinder, weil wir Gefühle haben, und das Innere Kind begleitet unser Leben bis zum letzten Atemzug.

Der Einfluss der Gefühlswelt des Menschen auf das Leben ist enorm. Und diese Gefühlswelt ist von den ersten Lebenserfahrungen des Kindes geprägt, das wir einmal waren. Was Erwachsene anstreben, was sie vermeiden wollen, welchen Beruf sie wählen, welche Befürchtungen und Sehnsüchte sie hegen, ihr gesamtes Tun, ihre Ziele und ihr Verhalten – all das hängt wesentlich von den ersten Lebenserfahrungen ab.

Die Frage ist nun: Wozu sollte man sich mit dem Inneren Kind befassen, wenn die Vergangenheit so prägend ist? Man kann sie ja nicht mehr ändern! Doch, man kann die Vergangenheit ändern! Natürlich lassen sich vergangene *Ereignisse* nicht verändern, wohl aber die *Schlussfolgerungen*, die daraus für das Leben gezogen wurden. Sie lassen sich verändern, im Kontakt mit dem Inneren Kind.

Wer in Kontakt mit dem Inneren Kind tritt, wird feststellen, dass es sowohl negative als auch positive Seiten gibt. Die Gefühlswelt eines Menschen kann unterschiedliche Färbungen aufweisen. Sie kann »dunkel« oder »hell« gefärbt sein – je nachdem, ob sich beispielsweise Erfahrungen des Ungeliebtseins oder des Geliebtseins eingeprägt haben.

Dort, wo die Gefühlswelt dunkle Stellen aufweist, werden sich die betreffenden Prägungen nachteilig auf das Leben des Erwachsenen auswirken. »Dunkle« Kindheitserfahrungen lassen zwei entgegengesetzte Konsequenzen zu. Entweder findet man sich mit ihnen ab, oder man geht dagegen an, um einen emotionalen Mangel auszugleichen. Beides wirkt sich nachteilig auf das Leben von Erwachsenen aus. Wer als Kind beispielsweise wenig Anerkennung erfuhr, der konnte daraus den Schluss ziehen: »Ich bringe ohnehin nichts zustande, also brauche ich es gar nicht zu versuchen«, oder sich im Gegensatz dazu vornehmen: »Ich werde euch zeigen, wozu ich fähig bin!« Die erste Konsequenz bedeutet Resignation, die zweite Verbissenheit. Wer als Kind beispielsweise viel Unterdrückung erfuhr, konnte das entweder hinnehmen: »Man zieht ja doch den Kürzeren«, oder sich dagegen auflehnen: »Ich werde zurückschlagen.« Die erste Konsequenz bedeutet Sichabfinden, die zweite endlosen Kampf.

»Helle« Kindheitserfahrungen machen sich weniger auffällig im Erwachsenenleben bemerkbar, als Kompensationsversuche es tun. Dort, wo er sich als Kind geliebt und anerkannt fühlte, ist der spätere Erwachsene in Übereinstimmung mit sich. Er braucht sich und der Welt nichts zu beweisen, er braucht keinen Mangel auszugleichen. Er kann sich mit den »kleinen Dingen« des Lebens befassen. Er kann kreativ sein, sich freuen, er kann trauern, er kann mitfühlen und sich auf Liebe einlassen. Jeder Einzelne hat helle und dunkle Erfahrungen gemacht, und daher wirkt sich das Innere Kind sowohl positiv als auch negativ auf sein Leben aus.

Weil jeder von uns diese Erfahrungen gemacht hat, begegnet man Inneren Kindern auch auf Schritt und Tritt. Man braucht sich nur unseren Umgang mit den Ressourcen des Planeten anzusehen, um zu erkennen, dass die Welt nicht von Vernunft, sondern von emotionalem Verhalten bestimmt ist. In der Politik, der Wirtschaft, der Kultur – überall treiben sich Innere Kinder herum.

Was hat beispielsweise Gerhard Schröder dazu bewogen, mit den Worten: »Ich will da rein!« am Zaun des Kanzleramts zu rütteln? Was treibt den Facebook-Gründer Mark Zuckerberg zu seinem besessenen Tun? Viele Wirtschaftsführer, Unternehmer, Politiker und nicht zuletzt religiöse Oberhäupter sind getrieben – von der Sucht nach Macht und Bedeutung. Dabei ist viel Verstand im Einsatz, aber in wessen Auftrag? Im Auftrag von Emotionen, im Auftrag Innerer Kinder.

Man muss nur sehen, wie Donald Trump andere Politiker wegrempelt, um zu begreifen, dass da ein Kind an den Hebeln der Macht sitzt. Man muss nur das Treiben an den Börsen und in den Unternehmen verfolgen, die rastlose Sucht nach mehr – mehr Geld, mehr Größe, mehr Bedeutung –, um den emotionalen Mangel zu ahnen, der dieses Verhalten antreibt. Man muss sich nur die Missbrauchsskandale in der Medienbranche oder den Kirchen vor Augen halten, wo emotional hungernde Männer ihre Bedürfnisse auf Kosten anderer durchsetzen.

Menschen werden von Gefühlen getrieben, in erster Linie von Ängsten. Hinter dem großen Poker um Macht und Milliarden sind Innere Kinder auf der Suche nach Anerkennung, Bewunderung, Reichtum und Bedürfnisbefriedigung. Aber nicht nur die anderen, auch wir selbst werden von Gefühlen bestimmt, von unseren Inneren Kindern.

Kapitel 1

Alltägliche Begegnungen
mit dem Inneren Kind

Zwar glauben manche Menschen, mit dem Inneren Kind nicht viel oder nichts zu tun zu haben. Dass das aber nicht sein kann, ergibt sich allein schon aus der Definition des Begriffs: Das Innere Kind bezeichnet eine in der Vergangenheit entstandene Wahrnehmung. Und über eine solche verfügt natürlich jeder. Die Vergangenheit ist insofern nie vorbei, als sie sich jeden Moment auf die Gegenwart auswirkt. Sie beeinflusst das Denken und Fühlen, das Verhalten und die Lebenshaltung, das Glücksempfinden und die Lebenszufriedenheit jedes Einzelnen. Wie sich dieser Einfluss konkret auswirkt, das ist den meisten Menschen allerdings unklar, denn er vollzieht sich überwiegend unbewusst. Hinzu kommt, dass sich die meisten erst dann auf Spurensuche in die eigene Wahrnehmung begeben, wenn sich nachteilige Folgen einstellen, die mit der Vergangenheit verbunden sind. Auch das ist bei jedem Einzelnen – natürlich in unterschiedlichem Ausmaß – der Fall.

Solche nachteiligen Auswirkungen zeigen die folgenden Beispiele. In ihnen lassen sich Spuren verfolgen, die aus dem gegenwärtigen Leben in die Vergangenheit weisen.

Frau Brede ist Ende vierzig, sie arbeitet als selbstständige Architektin. Ihr Geschäft läuft gut, sie verdient mehr, als sie zu einem guten Leben braucht. Weil sie sich aber seit Jahren kräftemäßig am Limit bewegt, hat sie beschlossen, weniger Aufträge anzunehmen. Nur gelingt es ihr nicht, diesen Entschluss in die Tat umzusetzen. Aus ihr unerfindlichen Gründen nimmt sie weiterhin mehr Arbeit an, als sie bewältigen kann, obwohl die dauernde Erschöpfung ihre Lebensqualität erheblich beeinträchtigt. Sie arbeitet oft siebzig Stunden wöchentlich, nimmt kaum Urlaub und wenn, kann sie dort schlecht entspannen.

Ihr Ehemann, der ihrem Treiben seit Jahren frustriert zusieht, stellt mittlerweile die Beziehung infrage, denn er bekommt seine Frau nur selten zu Gesicht. Er droht schließlich mit Trennung. Erst daraufhin lehnt seine Frau schweren Herzens tatsächlich einige Aufträge ab. Nach sechs Monaten hat sie den Auftragsstau so weit abgearbeitet, dass sie zumindest teilweise bei einem Achtstundentag angekommen ist.

Im Lauf dieser Monate macht sie eine erstaunliche Entdeckung. Sie sagt: »*Wenn ich abends von der Arbeit nicht kaputt bin, bekomme ich Existenzängste. Ich kann dann schlecht einschlafen, grüble endlos und mache mir Sorgen. Wenn ich aber total fertig nach Hause komme, bin ich zwar müde, aber frei von Angst.*«

Offenbar dient Frau Brede ihre Erschöpfung als Gradmesser eines existenziellen Sicherheitsgefühls. Das würde erklären, warum es ihr bisher nicht gelingt, ihre Arbeit vernünftig zu strukturieren. Wenn sie entspannt ist, beschleicht sie Angst. Nur wenn sie erschöpft ist, scheint alles in Ordnung zu sein. Hier ist ganz deutlich das Innere Kind am Werk.

Wie genau das Innere Kind in diesem Fall wirkt, darauf gehe ich im nächsten Abschnitt ein. Lassen Sie mich zuvor ein weiteres Beispiel anführen:

Herr Peters ist Anfang vierzig, als er ohne Ankündigung von seiner Frau verlassen wird. Die Umstände sind krass. Er kommt von einer kleinen Dienstreise nach Hause und findet die Schränke seiner Frau leer. Sie ist zu einem anderen Mann gezogen, in einem Brief kündigt sie ihre Scheidungsabsicht an. Herr Peters fällt augenblicklich in ein tiefes Loch. Der gestandene Mann wird zu einem Häuflein Elend. Er hat Schwierigkeiten, seine Arbeit zu bewältigen. Nachts kann er kaum schlafen. Manchmal liegt er zitternd und weinend im Bett. Seine Gefühle spielen Achterbahn, mal ist er todtraurig, mal wütend und hasserfüllt. Er fühlt sich allein und hat Angst, niemals wieder eine Liebe zu finden.

Auch hier ist das Innere Kind am Werk. Herr Peters nimmt das wahr, denn er sagt: *»Ich fühle mich verlassen, wie ein verlorenes Kind.«*

Es ließen sich noch endlos Beispiele für Situationen aufführen, in denen sich das Innere Kind bemerkbar macht, in denen die Wurzeln von Erlebens- und Verhaltensweisen in die Vergangenheit reichen. Etwa bei:

- einer Frau, die ihren Mann anklagt, sie nicht »zu sehen«;
- einem Mann, der jede Auseinandersetzung mit seiner Frau scheut und ihr aus dem Weg geht;
- einem Mann, der seine Partnerin bedroht, damit sie auf seine Bedürfnisse eingeht;
- jemandem, der nie genug Geld oder Ruhm oder Macht hat und verbissen an der Vermehrung dessen arbeitet;

- einem eifersüchtigen Partner, der ausrastet, wenn der andere nicht pünktlich nach Hause kommt oder mit jemandem flirtet;
- einem Künstler, dessen Publikum schwindet und der daraufhin in eine Depression fällt;
- einem Menschen, der seine Arbeit verliert, in Panik gerät und existenzielle Ängste verspürt;
- einem streitenden Paar, das sich in Vorwürfen und Beschuldigen verliert;
- einem Menschen, der sein Leben lang hart schuftet, um das Leben »später« zu genießen;
- einer Frau, die sich klaglos für Kinder und Familie aufopfert, sich selbst und ihre Bedürfnisse aber hintanstellt;
- einem Menschen, der Angst vor Autoritäten zeigt und sich ihnen gegenüber zurücknimmt;
- einem Single, der sich nicht mehr auf Liebe einlässt, weil er Angst vor dem Schmerz der Trennung hat;
- jemandem, der lustlos zur Arbeit geht und sich dazu gezwungen fühlt;
- jemandem, der seine Bedürfnisse ignoriert;
- und in unzähligen anderen Situationen mehr.

All diese Beispiele deuten an, dass die Vergangenheit in der Gegenwart auftauchen und ein Leben bestimmen kann, jedenfalls wesentliche Teile davon. Die Frage ist nur, auf welche Weise das geschieht.

Vielleicht ist Ihnen aufgefallen, dass in den beiden ausführlich geschilderten Beispielen das Innere Kind auf unterschiedliche Weise aufgetaucht ist: Im ersten Fall hat es sich unbemerkt in ein Leben *eingeschlichen*, im zweiten ist es plötzlich und überfallartig dort *hineingebrochen*.

Sich ins Leben einschleichen oder plötzlich darin einbrechen – das sind die beiden grundsätzlichen Erscheinungsweisen des Inneren Kindes im Leben eines Erwachsenen. Schauen wir uns beide Varianten näher an.

Wie sich das Innere Kind ins Leben eines Erwachsenen einschleicht

Das unbemerkte Einschleichen des Inneren Kindes in das Leben eines erwachsenen Menschen lässt sich gut anhand des Beispiels von Frau Brede aufzeigen. Die Architektin hat sich an den Rand eines Burn-outs geschuftet und schließlich eine Entdeckung gemacht: *»Wenn ich abends von der Arbeit nicht kaputt bin, bekomme ich Existenzängste.«*

Was musste Frau Brede tun, um zu dieser Erkenntnis zu gelangen? Gehen wir ein paar Schritte zurück: Ihre Äußerung und ihr Zustand lassen Rückschlüsse auf ihr Verhalten in der Arbeitswelt zu. Seit sie sich selbstständig gemacht hat, überfordert sie sich. Sie arbeitet bis zu siebzig Stunden pro Woche, obwohl sie das materiell nicht nötig hat. Und obwohl sie rational um ihre Belastung weiß, gelingt es ihr nicht, das selbstschädigende Verhalten zu ändern. Erst unter dem Druck ihres Mannes, der sie mit der Trennungsandrohung gewissermaßen zu einer Verhaltensänderung zwingt, kann sie das Arbeitspensum wenigstens ein Stück weit reduzieren.

Damit stellt sich die Frage nach den Motiven ihres Verhaltens. Was mag Frau Brede dazu bringen, man könnte sogar sagen, dazu zwingen, derart über ihre Grenzen zu gehen? Diese Frage ist nicht leicht zu beantworten, jedenfalls nicht, wenn man Frau Brede direkt nach ihren Motiven fragt. Sie könnte dann lediglich antworten:»Ich weiß es selbst nicht, ich verstehe es selbst nicht.«

Man muss auf andere Weise nach den Motiven suchen. Indem man fragt: »Wovon muss ein Mensch *überzeugt* sein, damit ein solch fragwürdiges Verhalten einen Sinn für ihn ergibt? Was muss er für *wahr* halten, um sich so verhalten zu *müssen?*« Fragen wie diese wenden sich nicht an den Verstand, nicht an die kluge Überlegung. Von dort ist keine Antwort zu erwarten, denn das Verhalten von Frau Brede ist weder rational noch klug. Die passenden Antworten sind im Unbewussten zu finden, in vagen Gefühlswelten. Frau Brede muss daher »aus dem Gefühl« heraus antworten, und zwar so, als ob sie sich absichtlich und mit gutem Grund so verhalten würde.

Frau Brede macht sich auf die Suche nach entsprechenden Überzeugungen. Am treffendsten erscheinen ihr schließlich folgende Aussagen:

>*Man muss alles geben, sonst geht man unter!*«
>*Wer sich nicht anstrengt, kommt nicht weit!*«
>*Nur wenn ich alles gebe, wird alles gut!*«

Diese Aussagen mögen irrational erscheinen, und sie sind es auch. Dennoch erklären sie das belastende Verhalten.

Wahrheiten wirken

Unterstellen wir einmal, was Frau Brede da aus dem Bauch heraus äußert, wäre wirklich *wahr*. Es würde sich um zutreffende Wahrheiten und Überzeugungen handeln. Um *die* Wahrheit! Dann wäre ihr Verhalten keineswegs sinnlos und falsch, sondern sinnvoll und richtig.

Ein Mensch, der so etwas glaubt, *muss* sich einfach so verhalten. Und Frau Brede glaubt so etwas, allerdings glaubt sie es, ohne sich darüber bewusst zu sein. Ihre Antworten legen eine Spur in ihre Kindheit. Anders gesagt: Es muss in ihrer

Kindheit eine Zeit gegeben haben, in der es sinnvoll erschien, sich so zu verhalten. Wieso? Beispielsweise aufgrund familiärer Situationen, aufgrund der Anforderungen der Eltern an das Kind, aufgrund der Verhaltensbeispiele, die das Kind bei den Eltern sah, aufgrund von Ängsten, die es von den Eltern übernommen hat und so weiter.

Natürlich sollte man den Wahrheitsgehalt solcher Überzeugungen spätestens infrage stellen, sobald sie Leid oder Probleme verursachen. Denn sie sind nicht wahr, sie *scheinen* nur wahr zu sein. Schließlich gibt es viele Menschen, die nicht alle Kraft in die Arbeit stecken, die auch Energie für ihre Bedürfnisse, ihre Beziehungen und Liebe aufbringen, ohne unterzugehen. Und auch Frau Brede würde nicht untergehen, wenn sie weniger arbeitete und weniger Geld verdiente. Diese Erkenntnisse helfen ihr allerdings nicht weiter, solange unbewusste Überzeugungen ihr Verhalten bestimmen, und das werden sie tun, bis sie eines Tages offengelegt und relativiert sind.

Im Beispiel von Frau Brede hat sich die belastende Situation allmählich und abseits ihrer Aufmerksamkeit aufgebaut. Das Innere Kind hat sich unbemerkt ins Leben eingeschlichen, und es hat das erst getan, nachdem Frau Brede sich selbstständig gemacht und die Last dieser Verantwortung auf sich genommen hat. Das heißt, das Innere Kind muss nicht per se im Alltag mitspielen, es kann durch bestimmte Lebensumstände aufgerufen werden und lange Zeit unbemerkt wirken.

Lassen Sie mich ein weiteres Beispiel für den unmerklich schleichenden Einfluss der Vergangenheit auf das Erwachsenenleben schildern:

Herr Kurz mag seine Arbeit nicht mehr, seit ihm vor Monaten ein jüngerer Kollege vor die Nase gesetzt wurde. Er schleppt sich jeden Tag unmotiviert an den Schreibtisch. Dabei könnte er sich frühzeitig verrenten lassen. Er hat etwas geerbt und wird bis ans Lebensende ausreichend versorgt sein. Seine Frau wünscht sich sehr, dass ihr Mann zu arbeiten aufhört, sie möchte mit ihm reisen. Aber Herr Kurz ist fest entschlossen, bis zum Ende durchzuhalten, also noch vier weitere Jahre. Er lässt sich nicht von seinem Vorhaben abbringen, obwohl die Beziehung zu seiner Ehefrau deswegen einen Knacks bekommt. Was treibt ihn zu diesem verbissenen Verhalten?

Stellen wir Herrn Kurz die gleiche Frage, die wir Frau Brede gestellt haben: »Wovon muss jemand *überzeugt* sein, um sich so verhalten zu *müssen*?«

Herr Kurz schüttelt zuerst verständnislos den Kopf. Erst als er aufgefordert wird, »aus dem Bauch« und nicht »aus dem Kopf« zu antworten, sagt er:
»*Man weiß nie, was passiert, ob das Gesparte nicht seinen Wert verliert!*«
»*Was ist schon sicher? Die Rente jedenfalls nicht. Man kann jederzeit alles verlieren!*«
»*Ich will doch nicht am Hungertuch nagen!*«

Das sind also die Überzeugungen/Wahrheiten, die Herrn Kurz zu seinem Verhalten antreiben. Wenn das, was er sagt, tatsächlich wahr wäre, dann würde sein Verhalten Sinn machen. Dann wäre es falsch, seine Arbeit frühzeitig aufzugeben, denn solange er arbeitet, kann er sich sicher fühlen, »nicht am Hungertuch nagen« zu müssen. Wie aber kommt er zu dieser Angst? Sie stammt aus der Erfahrung eines sozialen Abstiegs, die er als Achtjähriger gemacht hatte. Der väterliche Konkurs bescherte der Familie eine harte und entbehrungsreiche Zeit. Natürlich erkennt jeder Außenstehende, dass es sich bei den geäußerten Wahrheiten auch in diesem Fall nicht um objektiv zutreffende handelt. Das, wovon Herr Kurz überzeugt ist, ist seine eigene, individuelle Wahrheit. In der Angst vor dem Nagen am Hungertuch meldet sich sein Inneres Kind. Dessen Erfahrungen haben sich ebenso tief in die Psyche des Mannes eingegraben, wie das bei Frau Brede der Fall ist. Bei beiden hat sich das Innere Kind unmerklich ins Erwachsenenleben geschlichen und dort festgesetzt.

Die Macht unbewusster Wahrheiten und Überzeugungen

Man könnte aus der Tatsache, dass Frau Brede und Herr Kurz ihre unbewussten Überzeugungen/Wahrheiten formuliert haben, folgern, sie seien jetzt bewusst und damit entmachtet und würden sich nun auflösen. Tatsächlich glauben viele Menschen, dass man sich unbewusste psychische Zusammenhänge lediglich bewusst zu machen braucht, um Einfluss darauf nehmen zu können. Das ist so einfach allerdings nicht möglich. Denn es handelt sich bei den geäußerten Überzeugungen/Wahrheiten um *gefühlte Wahrheiten* und nicht um bloß *gedachte Wahrheiten*. Insofern nutzt rationale Bewusstheit wenig, solange eine entsprechende emotionale Bewusstheit fehlt, solange sich Gefühle und körperliche Empfindungen gegen rationale Einsichten stemmen.

Dieser Aspekt ist für das Thema Inneres Kind sehr wichtig, weshalb ich im Abschnitt »Beim Inneren Kind dreht sich alles um Empfindungen«, näher darauf eingehen werde. Zuvor möchte ich mich aber noch der zweiten Art und Weise widmen, in der das Innere Kind Einfluss auf das Leben nehmen kann: seinem plötzlichen und überfallartigen Auftauchen.

Wie das Innere Kind plötzlich ins Leben eines Erwachsenen einbricht

Das Innere Kind muss nicht schleichend und unmerklich in ein Leben eingreifen, es kann auch überfallartig in das Erwachsenendasein hineinbrechen. So wie bei Herrn Peters, der ohne Ankündigung von seiner Frau verlassen wird und in ein tiefes Loch fällt. Seine Gefühle spielen Achterbahn, mal ist er todtraurig, mal wütend und hasserfüllt. Er wird von Angst- und Panikattacken gebeutelt, schläft kaum, zittert oft und fühlt sich *»verlassen wie ein verlorenes Kind«*. Herr Peters versucht verzweifelt, seine Frau zur Rückkehr zu bewegen, doch er bleibt erfolglos. Dafür kreisen seine Gedanken und Gefühle unablässig um seine Frau, und es gelingt ihm lange Zeit nicht, sie »loszulassen«. Er braucht mehr als ein Jahr, um wieder einigermaßen auf die Füße zu kommen.

Auch in diesem Fall kann man die Frage nach den Motiven seines Verhaltens stellen, zusätzlich zu den Gründen seines extremen Erlebens, seines Denkens und Grübelns. Was löst seine Zustände aus, und warum versucht er mit aller Kraft, seine Frau zurückzubekommen? Immerhin handelt es sich um eine Frau, die nicht mehr mit ihm zusammenleben möchte. Was sollte er mit ihr anfangen? Seine Beweggründe können nicht rationaler Natur sein. Tatsächlich geht es nicht um vernünftiges Verhalten, sondern um gefühlsbedingtes Verhalten. Trotzdem muss man davon ausgehen, dass auch dieses Verhalten einen Sinn ergeben soll.

Stellen wir die gleiche Frage wie zuvor: »Wovon muss Herr Peters überzeugt sein, damit sein Verhalten einen Sinn ergibt? Was muss er für wahr halten, um sich so verhalten zu müssen?«

Nachdenken bringt hier nicht viel. Herr Peters stößt auf die passenden Wahrheiten, wenn er aus seinem Gefühl und seinem Körperempfinden heraus antwortet. Weil seine körperlichen und emotionalen Empfindungen so intensiv sind, braucht er nicht lange danach zu suchen, die entsprechenden Worte platzen regelrecht aus ihm heraus. Er äußert:
»Ich schaffe es nicht allein!«
»Ich komm damit nicht klar!«
»Das ist zu viel für mich!«
»Ich krepiere!«

Natürlich handelt es sich auch hierbei nicht um objektive Wahrheiten. Jeder, der einmal von einem geliebten Menschen verlassen wurde, weiß, dass man daran nicht stirbt, auch wenn es sich teilweise so anfühlt, und dass man nach einer gewissen Zeit damit klarkommt. Ja sogar, dass man irgendwann etwas Positives darin sehen kann. Doch gedankliche Einsicht hilft hier nicht weiter, denn es handelt sich um gefühlte Überzeugungen und darüber hinaus um körperlich empfundene Wahrheiten.

Was ist auf psychischer Ebene geschehen? Herr Peters ist schlagartig in das Erleben und den Zustand eines Kindes versetzt worden, er erlebt eine existenzielle Angst. Er fühlt und denkt das Gleiche, das er als Kind – genauer gesagt als ein Baby – in den Momenten erlebt hat, in denen er sich verlassen wähnte und um sein Überleben fürchtete.

Sie mögen nun fragen: Erinnert sich der Mann tatsächlich an die lang zurückliegende Säuglingszeit? Keineswegs! Aber sein Körper tut es! Und der reagiert auf eine für ein Baby sinnvolle Weise. Das Baby versucht, durch Jammern und Wimmern die Mutter zu rufen. Herr Peters kämpft mit der gleichen Intensität um seine Frau, mit der er einst in einer vermeintlich bedrohlichen Lage um die Nähe seiner Mutter kämpfte. Sein Verhalten soll demnach einen wichtigen Sinn erfüllen: Es soll sein Überleben sichern.

Vom Inneren Kind überfallen werden

Wer aufgrund plötzlich und unerwartet auftretender Ereignisse in einen Strudel dramatischer und krisenhafter Entwicklungen gerät, ist vom Inneren Kind regelrecht überfallen worden. So etwas kann jederzeit geschehen, mal im Kleinen, mal im Großen, wie die folgenden Beispiele zeigen.

Ein harmloses Beispiel: Vor wenigen Minuten fühlte sich Herr Meinold noch gut. Dann erreicht ihn die Nachricht, er solle sich sofort beim Abteilungsleiter melden. Schlagartig tritt ein altbekanntes Herzklopfen auf, sein Gesicht spannt sich sorgenvoll an und seine Körperhaltung verändert sich von lockerem Auftreten hin zu einem leicht gebückten Schleichen. Er sucht die vergangenen Tage nach Fehlern ab, die ihm unterlaufen sein könnten, und stellt sich innerlich darauf ein, »den Kopf gewaschen« zu bekommen. Doch der Chef will lediglich eine Information von ihm. Genauso schnell, wie die Anspannung kam, verschwindet sie wieder. Die Angst, die Herr Meinold erlebte, stammt vom Inneren Kind.

Ein extremes Beispiel: Die Nachricht, dass er durch einen Kursrutsch an der Börse einen beträchtlichen Teil seines Vermögens verloren hat, ist für Herrn Meyer dramatisch. Da seine Aktienkäufe teilweise durch Kredite finanziert sind, befindet er sich schlagartig tief in den roten Zahlen. Sein Lebensstandard und sein Image stehen mit einem Mal auf dem Spiel, seine Pläne zerplatzen. Die durch diese finanzielle Krise ausgelösten Überlebensängste nehmen Ausmaße an, die Herrn Meyer an Selbstmord denken lassen. Diese Empfindungen stammen vom Inneren Kind, dem die Welt zu groß und zu schwierig erscheint und das nur noch »weg« will, an einen Platz, wo Ruhe und Frieden zu herrschen scheinen.

Ein drastisches Beispiel: Frau Schmidt ist guter Dinge und blickt optimistisch in die Zukunft. Sie hat gerade eine neue Arbeit angenommen, in ihrem Traumberuf. Sie geht fröhlich und zuversichtlich nach Hause zu ihrem Mann und den beiden kleinen, süßen Kindern. Sie öffnet die Post und erfährt in einem Schreiben, dass ihr Mann vor Monaten an einem aggressiven Krebs erkrankt ist. Er hatte ihr das bisher verschwiegen, nun stellt sich heraus, dass er noch ein oder zwei Jahre zu leben hat. Schlagartig werden in Frau Schmidt massive Gefühle wach, Ängste bis hin zu Panik, Verzweiflung und Ohnmacht. Das Innere Kind kämpft um seinen Zusammenhalt.

Es sind zahllose Ereignisse vorstellbar, die von Menschen dramatisch empfunden werden und die sie schlagartig in krisenhafte Zustände katapultieren, in vergangenes Erleben. Beispielsweise:

- vom Partner betrogen zu werden;
- von Freunden geschnitten zu werden;
- den Arbeitsplatz zu verlieren;
- Opfer einer Gewalttat zu werden;
- einen Unfall oder eine Krankheit zu erleiden
- und anderes mehr.

Einsamkeit, geplatzte Träume, enttäuschte Erwartungen, Eifersucht, Verluste, Schicksalsschläge, Todesfälle – so etwas kann jedem jederzeit widerfahren. Damit ist die Möglichkeit, plötzlich von der Wahrnehmung des Inneren Kindes überwältigt zu werden, jederzeit vorhanden. Derartige Ereignisse rufen Empfindungen starker existenzieller Bedrohung hervor. Diese reichen von somatischen Störungen, Angstanfällen, Gedankenkarussellen, Schlafstörungen, Depressionen, emotionalen Ausbrüche bis hin zu Sinnlosigkeitserleben oder gar zu Selbstmordabsichten.

Tatsächlich sind solche Ereignisse auch für erwachsene Menschen schwerwiegend, aber sie bedrohen keinesfalls real deren Überleben. *Es fühlt sich aber genauso an.* Da nutzt es wenig zu wissen, dass man einen neuen Partner oder einen anderen Arbeitsplatz finden kann, dass man Schulden loswerden kann, und sei es durch einen Offenbarungseid, und dass danach ein gutes Leben möglich ist oder dass sich auch mit den Folgen von Unfällen und Krankheiten umgehen lässt. Das Innere Kind ist für rationale Einsichten wenig empfänglich, es nimmt die Situation auf seine eigene, emotional und körperlich bestimmte Weise wahr.

Beim Inneren Kind dreht sich alles um Empfindungen

Ob sich das Innere Kind ins Leben des Erwachsenen einschleicht oder ob es überfallartig auftaucht – die damit verbundenen Gefühle, die Angst, die Panik, die Sorgen, hat der Mensch schon einmal oder schon oft erlebt. Als Kind oder als Baby, bei der Geburt oder sogar davor. Sein Verstand kann sich daran nicht erinnern. Aber sein Körper und seine Gefühle haben diese Zustände nicht vergessen und sie reagieren mit den gleichen Empfindungen wie damals.

Diese Aussagen zum Inneren Kind bedeuten nicht, dass jedes Gefühl, jede Emotion dem Inneren Kind geschuldet ist. Wenn ein Erwachsener beispielsweise einen geliebten Menschen durch Tod verliert, dann erlebt er Trauer und seelische Schmerzen. Wenn er allerdings mit diesen Schmerzen auf die gleiche Weise umgeht, wie er das als Kind tat, dann ist diese Reaktion dem Inneren Kind geschuldet. Ein Kind, das einen Elternteil durch Tod verliert, trauert nicht nur, es fühlt sich womöglich schuldig. Vielleicht kompensiert es seine Schuldgefühle durch »Stärke« und macht sich und anderen vor, mit der Situation klarzukommen. Vielleicht passt es sich zukünftig an andere an, um nicht verlassen zu werden. Vielleicht verliert es sein Vertrauen ins Leben. Vielleicht nimmt es sich vor, niemals wieder jemanden in sein Herz zu lassen. Für ein Kind sind solche Reaktionen nachvollziehbar, aber ein Erwachsener macht sich damit das Leben schwer. Doch wie gesagt: In dem Zustand, den wir Inneres Kind nennen, dreht sich nichts um Vernunft, aber alles um *Empfindungen*.

Drei unterschiedliche Empfindungen

Wenn ich hier von Empfindungen spreche, meine ich damit negativ empfundenes Erleben, das sich aufgrund von Erinnerungen einstellen kann. Natürlich hat die Vergangenheit auch zahllose positive Erinnerungen aufzuweisen, aber darauf brauche ich hier nicht einzugehen, sie stören nicht. Es geht beim Inneren Kind um die als problematisch erachteten Empfindungen, deren Wurzeln in die Vergangenheit reichen. Diesbezüglich unterscheide ich gedankliche Empfindungen, emotionale Empfindungen und körperliche Empfindungen.

Gedankliche Empfindungen äußern sich in Form von Stimmen oder Bildern. Man wird an etwas erinnert, man denkt etwas, das sich als innere Stimme bemerkbar macht, oder man sieht bestimmte Bilder und Szenen vor dem inneren Auge auftauchen.

Emotionale Empfindungen äußern sich in Form von Gefühlen wie Angst, Wut, Trauer etc. Bei solchen Emotionen handelt es sich nicht um momentane Stimmungen, sondern um längerfristige Zustände, sozusagen um gefühlsmäßig geronnene Erfahrungen.

Körperliche Empfindungen lassen sich in Form von Symptomen spüren. Beispielsweise als Schmerzen, Zittern, Schweißausbruch, Herzrasen oder Ähnliches.

Alle drei Empfindungsarten können durch Erinnerungen hervorgerufen werden. Allerdings sind diese Empfindungen unterschiedlich tief im Gedächtnis des Organismus verankert und daher von unterschiedlicher Bedeutung.

Das dreifache Gedächtnis des Organismus

Das Gedächtnis des Organismus weist bezüglich der Intensität und Festigkeit von Empfindungen eine Hierarchie auf:

Gedankliche Erinnerungen sind am flüchtigsten. Gedanken und Bilder sind in synaptischen Schaltungen gespeichert. Das Gehirn ordnet seine Synapsen ständig neu, ein Vorgang, der als »Plastizität des Gehirns« bezeichnet wird. Dabei werden als unbedeutsam erachtete Schaltungen unter anderem in nächtlichen Träumen »gelöscht«. Rein gedankliche Erinnerungen halten sich daher nicht lange, sie haben meist relativ kurze Verfallszeiten, es sein denn, ihnen kommt eine große emotionale Bedeutung zu.

Emotionale Erinnerungen sind da wesentlich fester in der Psyche verankert. Sie sind offenbar mit bestimmen Organen verknüpft. Man fühlt Liebe im Herzen und Angst im Bauch. Die Forschung weiß, dass Erlebnisse umso länger gespeichert werden, je intensiver die damit verbundenen Emotionen waren. So kann beispielsweise der Geruch von Rauch massivste Angstgefühle bei jemandem auslösen, der schlimme Erfahrungen mit Feuer gemacht hat.

Körperliche Erinnerungen sind am massivsten. Sie sind in Körperstrukturen, in Körperhaltungen, in muskulären Spannungen und im parasympathischen (also nicht willentlich steuerbaren) Nervensystem festgehalten. Dort prägen sich bestimmte Traumata ein, die beispielsweise durch eine schwierige Geburt entstehen können oder aufgrund einschneidender frühkindlicher familiärer Erfahrungen, durch emotionalen oder gar sexuellen Missbrauch oder durch schwerwiegende Ereignisse wie Unfälle.

Jeder Mensch kennt die beschriebene Hierarchie des Gedächtnisses und weiß aus eigener Erfahrung, dass körperliche Symptome stärker empfunden werden als Gefühle, und dass Gefühle stärker empfunden werden als Gedanken. Man kann es auch so ausdrücken: Das körperliche Gedächtnis ist das zähste, gefolgt vom emotionalen Gedächtnis, während das gedankliche Gedächtnis das loseste Glied in der Erinnerungskette darstellt.

Die unterschiedliche Intensität gespeicherter Erinnerungen folgt der Entwicklung, die ein Mensch auf dem Weg vom Fötus zum Erwachsenen nimmt: Zuerst bilden sich körperliche Strukturen aus, als Nächstes bauen sich emotionale Strukturen auf, bis sich schließlich gedankliche Strukturen formen. Wenn ein Mensch erwachsen ist, sind diese Strukturen ausgebildet und halten eine Vielzahl von Empfindungen zum Abruf bereit.

Wie die aufgeführten Beispiele zeigen, können diese Empfindungen unter bestimmten Umständen beim Erwachsenen aktiviert werden – das Innere Kind ist da. Wie leicht oder wie schwer es fällt, diesen Zustand dann wieder aufzulösen, hängt nun davon ab, welche Gedächtnisebene jeweils betroffen ist: Handelt es sich vorwiegend um gedankliche, um emotionale oder um körperliche Zustände und die jeweils damit verbundenen Wahrheiten?

Dreifache Wahrheiten und Überzeugungen

Aus den drei unterschiedlichen Empfindungsebenen folgt, dass es auch drei verschiedene Wahrheiten gibt: eine *gedachte*, eine *gefühlte* und eine *gespürte* Wahrheit. Beispielsweise kann man wissen, dass eine Vogelspinne nicht beißt, wenn man sie vorsichtig in die Hand nimmt. Jemand anderes kann einem das vormachen. Der Verstand sagt, du kannst sie anfassen. Das Gefühl wehrt sich mit Ekel heftig dagegen, es sagt, man könne der Spinne nicht trauen. Der Körper fängt zu zittern an und verweigert sich, er sagt: Ich werde sterben, wenn ich die Spinne anfasse. Jede Empfindungsebene folgt ihrer eigenen Wahrheit und gibt ihre eigenen Verhaltensanweisungen. Die dreifache Wahrheit erklärt, warum es zur Verhaltensveränderung nicht genügt, nur zu gedanklichen Einsichten zu gelangen: weil den gedanklichen Wahrheiten in vielen Fällen gefühlte Wahrheiten entgegenstehen; und den gefühlten Überzeugungen können körperliche Wahrheiten entgegenstehen. Es genügt beispielsweise nicht zu erkennen, dass man selbst genauso liebenswert ist, wie andere Menschen das sind, solange man sich nicht liebenswert *fühlt* oder dies auch *spürt*.

Frau Brede, die Frau aus dem Beispiel weiter vorn, die bis zur Erschöpfung arbeitet, denkt nicht bloß: »Ich muss alles geben.« Sie *fühlt* darüber hinaus den emotionalen Druck, sich so zu verhalten und sie prüft an ihrem körperlichen Zustand, ob sie dem geforderten Verhalten nachgekommen ist. Erst wenn sie körperlich erschöpft ist, hat sie »alles« gegeben und kann sich emotional sicher wähnen.

Herr Peters, der Mann aus dem Beispiel weiter vorn, der von seiner Frau verlassen wurde, denkt nicht bloß: »Allein schaffe ich das nicht«, er *fühlt* sich auch entsprechend schwach und ängstlich und wird von seinen körperlichen Symptomen in dem Eindruck »zu krepieren« bestätigt, vom Zittern und vom Frieren und von empfundenen Schmerzen.

Wer mit dem Inneren Kind umgeht, muss von der dreifachen Verankerung von Überzeugungen/Wahrheiten und

Verhaltenszwängen wissen. Ansonsten unterliegt er dem Irrtum, reine Erkenntnis würde sich unmittelbar auf Gefühle und Körperempfindungen auswirken. Das ist nicht der Fall, weshalb die Bewältigung der Vergangenheit mehr braucht als bloßes Verstehen der Zusammenhänge. Verstehen ist zwar unerlässlich, aber mit Gefühlen und Körperzuständen umzugehen ist es ebenso.

Kapitel 2

Das Innere Kind –
ein veränderter Bewusstseins-
zustand

Den Einfluss, den das Innere Kind auf die Psyche und ihre Reaktionen nimmt, kann man exakt beschreiben. Und zwar als Veränderung des Bewusstseinszustands eines Menschen. Alles, was irgendwo im Organismus gespeichert ist, kann aus dem Unbewussten auftauchen, sobald die entsprechende Erinnerung aktiviert wird. Ein Mensch, der von solchen körperlichen, emotionalen oder gedanklichen Erinnerungen betroffen ist, gerät damit in einen veränderten Bewusstseinszustand.

Das mag komplizierter klingen, als es ist. Gemeint ist damit, dass sich der *Inhalt* des Bewusstseins verändert. Man bemerkt beispielsweise, dass man gerade noch fröhlich war und jetzt mit einem Mal traurig ist. Dass man gerade noch entspannt war und nun angespannt ist. Dass man eben noch optimistisch war, jetzt aber niedergeschlagen ist. Oder man war gerade mit Plänen befasst und mit einem Mal haben resignative Gefühle das Bewusstsein geflutet und die Pläne daraus verdrängt.

Das Bewusstsein verändert seinen Zustand und seine

Inhalte ständig, unsere Stimmungen können rasch schwanken. Doch es geht hier nicht um solche Schwankungen, sondern um *dauerhaft massiv störende und aus der Vergangenheit stammende Einwirkungen auf das Bewusstsein.* Aufgrund der außerordentlichen Macht von Erinnerungen und der damit verbundenen Verhaltensweisen – genauer: der jeweiligen Verhaltenszwänge – kann man ohne Übertreibung sagen:

Bei einem Verhalten, das entweder stark von Empfindungen oder vom Versuch ihrer Vermeidung bestimmt ist, reichen die Wurzeln des Verhaltens in prägende Kindheitserlebnisse hinein.

Gerät ein Mensch in den Zustand Inneres Kind, dann denkt, fühlt, spürt und handelt er auf die gleiche oder ähnliche Weise, wie er dies in bestimmten Situationen als Kind oder Baby tat. Er erklärt sich die Welt wie damals und reagiert wie damals. Durch diese Reaktion leitet seine Psyche einen Teufelskreis ein: eine bestimmte Lebenserfahrung wird wiederholt.

Um diesen Teufelskreis der Reproduktion nachteiliger Lebenserfahrungen genauer zu beschreiben, möchte ich als Nächstes einen kleinen Ausflug in die Theorie der Wahrnehmung unternehmen.

Wahrnehmung und Lebenserfahrung

Die Psyche bestimmt, wie sämtliche Wahrnehmungen gedeutet werden, sie bestimmt, was man für wahr und sinnvoll erachtet und wie man sich aufgrund dessen verhält. Die Psyche legt Haltungen fest, die jemand sich selbst, den Menschen und der Welt gegenüber einnimmt. Sie ist der eigentliche Wohnsitz des Inneren Kindes. Wenden wir uns daher etwas eingehender jenem Organ zu, das unsere Wahrnehmungen so sehr strukturiert.

Der Begriff »Wahrnehmung« ist sehr präzise. Die Wahrnehmung eines Menschen zeigt nicht, was wahr ist, sondern was er für wahr *nimmt*. Überzeugungen bezüglich bestimmter Ereignisse bilden daher nicht objektive, sondern stets subjektive Wahrheiten ab. Aber von ebendiesen Wahrheiten hängt das jeweils folgende Verhalten, die Reaktion auf ein Ereignis, ab.

Stellen Sie sich vor, Sie sitzen in einem Café und ein junger Mann betritt den Gastraum. Er hält eine Pistole in der locker herabhängenden Hand und schaut sich im Raum um.

Das ist ein bloßes Ereignis, dem noch keine Bedeutung zugeordnet ist. Daraus können ganz unterschiedliche Überzeugungen entstehen. Man kann beispielsweise für wahr halten:

- Das ist ein Terrorist, der will möglichst viele Menschen erschießen.
- Das ist ein Eifersüchtiger, der sucht seine Freundin oder den Nebenbuhler.
- Der Typ hat eine Spielzeugpistole in der Hand, der will sich einen Scherz erlauben.
- Das ist ein Polizist in Zivil, der sucht einen Verbrecher.
- Oder man kann etwas ganz anderes für wahr halten.

Die erste Frage lautet nun: Wie gelangt man zu einer dieser Überzeugungen/Wahrheiten? Das geschieht, indem man das Ereignis *deutet,* und zwar blitzschnell und unbewusst, in Bruchteilen von Sekunden.

Die nächste Frage lautet: Was hat jemand zur Verfügung, um Ereignisse zu deuten? Seine Erfahrung, sonst nichts! Wer über keine Erfahrung mit einem bestimmten Ereignis verfügt, dem erscheint es sinnlos und er kann nicht darauf reagieren. Erst eine Deutung weist dem Ereignis Sinn zu und ordnet ihm Überzeugungen bei; und daraus ergibt sich dann das jeweils notwendig erscheinende Verhalten.

Wenden wir diese Aussagen auf das Beispiel des jungen Mannes mit der Pistole an und betrachten wir die Folgen verschiedener Überzeugungen:

- Wenn Sie glauben, er sei ein Terrorist, werden Sie vor ihm flüchten oder ihn angreifen.
- Wenn Sie glauben, es handle sich um einen (schlechten) Scherz, werden Sie lachen oder protestieren.
- Wenn Sie glauben, er sei ein Eifersüchtiger, werden Sie ruhig sitzen bleiben.
- Wenn Sie glauben, er sei ein Polizist in Zivil, werden Sie sich im Raum nach einem Verbrecher umsehen oder den Raum verlassen, weil es Ihnen hier zu brenzlig ist.
- Wenn Sie das Ereignis nicht deuten können, werden Sie wie starr und angewurzelt sitzen bleiben und eine Weile handlungsunfähig sein, zumindest so lange, bis Sie dem Vorfall irgendeinen Sinn geben können. Und sei es *Verstehen Sie Spaß?*.

Wie auch immer Sie sich verhalten – dem Verhalten ist eine Deutung vorausgegangen.

Deutungen führen zu Verhalten

Zu deuten ist die eigentliche Aufgabe der Psyche, ihre zentrale Funktion. Aber sie kann nur deuten, was sie kennt. Daher leitet sie, sobald das Gehirn ein Ereignis wahrnimmt, aufeinanderfolgende Schritte ein, um das Ereignis zu verarbeiten und eine Verhaltensanweisung zu geben:

- Am Anfang steht ein Ereignis.
- Dieses wird aufgrund vorhandener Erfahrungen gedeutet,
- wodurch eine bestimmte Überzeugung/Wahrheit entsteht,
- die zu einem bestimmten Verhalten führt.

Die Psyche ist eine »Deutungsmaschine«. Sie nutzt Erfahrungen, um daraus Deutungen zu schöpfen, welche wiederum Verhaltensweisen ermöglichen beziehungsweise erzwingen. Das Erleben eines Menschen ist demnach wesentlich von den Deutungen bestimmt, mit denen er bestimmte Ereignisse versieht, und weniger von den Ereignissen selbst.

Ist die Psyche bei der Geburt ein relativ unbeschriebenes Blatt, verfügt sie mit der Zeit über einen reichen Erfahrungsschatz, über Deutungsstrukturen, die sich quer durch ein Leben halten können. Deutungen sind zwar grundsätzlich sozial bedingt, aber zu großen Teilen sind sie auch individuell. Daher deuten Menschen die gleiche Situation aufgrund unterschiedlicher Erfahrungen verschieden und verhalten sich entsprechend unterschiedlich. Beispielsweise bekommt ein Angestellter Angst, wenn der Chef tobt, während ein anderer darüber lacht.

Erfahrungen im Kontext von Abhängigkeit

Von den unzähligen in der Kindheit gemachten Erfahrungen erweisen sich die meisten als hilfreich, aber gleichzeitig hat jeder auch Erfahrungen gemacht, die im Erwachsenenleben nachteilige Folgen zeigen. Doch warum ist es unter Umständen nachteilig, sich auf Erfahrungen aus der Kindheit zu stützen? Weil die Realität eines Kindes von Abhängigkeit geprägt ist, während die Realität des Erwachsenen durch sehr viel größere Unabhängigkeit gekennzeichnet ist. Überträgt man nun bestimmte Erfahrungen und Verhaltensweisen des Kindes auf das erwachsene Leben, ergeben sich die gleichen nachteiligen Konsequenzen, wie das damals der Fall war. Dazu ein Beispiel:

Eine Frau liebt ihren Freund, leidet aber unter seiner sporadisch auftretenden Aggressivität. Er macht sie öfter zur Schnecke, meist wegen Kleinigkeiten. Doch statt sich zu wehren, erträgt sie diese Situationen stumm. Dieses Verhalten wird nachvollziehbar, wenn man es durch die oben aufgezählten Verarbeitungsschritte der Wahrnehmung laufen lässt:

- Ereignis/Vorfall: Mein Freund ist aggressiv mir gegenüber.
- Deutung/Erfahrung: Ich bin hilflos, ich weiß nicht, mich zu wehren.
- Überzeugung/Wahrheit: Ich komme nicht dagegen an, ich bin zu schwach.
- Verhaltensanweisung: Ich muss das über mich ergehen lassen, ich muss es ertragen.

Welche in der Kindheit gemachten Erfahrungen lenken das Verhalten dieser Frau? Sie hatte einen cholerischen Vater, vor dessen Gefühlsausbrüchen sich die ganze Familie fürchtete. Auch die Mutter wusste sich nicht zu wehren. Dem Kind fehlte sowohl ein Vorbild für Selbstbehauptung als auch die Erfahrung, sich wehren zu können, weshalb sein erduldendes Verhalten unter den damaligen Umständen sinnvoll war. Heute allerdings sorgt das Innere Kind dafür, dass die erwachsene Frau auf dieses Verhalten festgelegt bleibt. Auf diese Weise reproduziert sie ihre damalige Lebenserfahrung, was nicht am Verhalten des Freundes liegt, sondern an den unveränderten Überzeugungen, aufgrund derer sie sich duldsam verhält. Sie reproduziert die Wahrheit ihrer Kindheit, die da lautet: »Ich muss das über mich ergehen lassen.«

Eine andere Frau würde, sofern sie über andere Lebenserfahrungen verfügt, das gleiche Ereignis anders deuten und zu einem anderen Verhalten gelangen. In dem Fall sähe die Sache eventuell so aus:

- Ereignis/Vorfall: Mein Freund ist aggressiv mir gegenüber.
- Deutung/Erfahrung: Ich weiß, dass ich mich wehren kann.
- Überzeugung/Wahrheit: Ich muss mir das nicht gefallen lassen.
- Verhaltensanweisung: Ich setze ihm Grenzen, ich schütze mich.

Wie sich Lebenserfahrung reproduziert

Wie die Beispiele zeigen, sorgt das Innere Kind dafür, dass in der Kindheit gemachte Lebenserfahrungen vom erwachsenen Menschen reproduziert werden; und das wieder und wieder. Auf diese Weise bestätigen sich bestimmte Erfahrungen laufend, wodurch sie mit der Zeit scheinbar an Wahrheitsgehalt gewinnen.

- Ereignis/Vorfall: Mein Chef bürdet mir zu viele Überstunden auf.
- Deutung: Ich bin von ihm abhängig.
- Überzeugung: Ich muss seine Anforderungen erfüllen.
- Verhaltensanweisung: Ich ordne mich unter.
- Erfahrung: Ich bin abhängig.

Die gemachte Erfahrung entspricht der getätigten Deutung. Diese erneute Lebenserfahrung ergibt sich nicht aus den Umständen, sondern aus dem eigenen Verhalten. Wer sich unterordnet, erfährt sich als abhängig. Wer sich beispielsweise in seiner Kindheit oft zurückgesetzt fühlte, wird auch im Erwachsenenleben bestimmte Ereignisse als Zurücksetzung erleben. Und wird versucht sein, auf die gleiche Weise zu reagieren, die er einst erlernte und eine ähnliche Erfahrung machen. Wie im folgenden Beispiel:

Jemand hat als drittes Kind die Kleidung der Geschwister auftragen müssen. Er sah, dass seine Geschwister neue Kleider bekamen und er nur gebrauchte. Er fühlte sich benachteiligt und ging aus Ärger schlecht mit der Kleidung um, was ihm den Zorn der Eltern einbrachte. Auf ihre Ermahnungen reagierte er bockig, was zu Konflikten führte.

Seine Wahrnehmung bei der Verteilung von Dingen ist nun zukünftig sensibilisiert, und wenn ein Arbeitskollege einen neuen Computer bekommt, er aber nicht, ist das für ihn ein Beweis erneuter Zurücksetzung. Er geht daraufhin aus Ärger mit dem alten Computer schlecht um, was ihm Stress mit seinem Vorgesetzten einbringt, auf den er ebenso bockig reagiert wie damals auf die Eltern. Es kommt zu Konflikten, schließlich wird er bei einer Beförderung übergangen, weil der Vorgesetzte ihn für nicht verantwortungsvoll hält. Jetzt hat er eine erneute Zurückweisung erfahren und kann mit Fug und Recht sagen: Ich werde benachteiligt.

Die erneute Zurückweisung ist allerdings zu großen Teilen selbst herbeigeführt. Theoretisch stünden dem Erwachsenen viel mehr Möglichkeiten zur Verfügung, um mit der Situation umzugehen. Beispielsweise könnte er das Gespräch mit dem Vorgesetzten suchen. Allerdings ist das mitgebrachte Deutungs- und Verhaltensmuster so stark, dass er immer wieder die emotionale Reaktion von damals zeigt und dadurch in die gleiche Lage gerät. Er wiederholt ungewollt bestimmte Lebenserfahrungen.

Kapitel 3

Das Innere Kind ist Beziehung

Wenden wir uns nach diesem kurzen Ausflug in die Theorie der Wahrnehmung wieder dem Thema Inneres Kind zu, speziell der Entstehung und den Folgen dieser Wahrnehmungsweise.

Wie wir gesehen haben, können die in der Kindheit festgelegten Deutungs- und Verhaltensmuster im Erwachsenenleben zu erheblichen Problemen führen. Nun muss man sich vor Augen halten, dass sich niemand seine Wahrnehmungsmuster selbst ausgedacht hat. Diese sind ausnahmslos in *Beziehungen* entstanden. Also in Reaktionen von Menschen aufeinander. Insofern dreht sich beim Inneren Kind alles um das Thema Beziehung.

Eine Beziehung hat immer zwei Seiten. Die eine Seite ist die Umwelt, die einem Kind auf irgendeine Weise begegnet. Idealerweise bringt sie ihm Liebe und Wertschätzung entgegen. Das ist natürlich nicht immer der Fall. Die Umstände der Geburt, familiäre Konstellationen, persönliche Eigenschaften der Eltern, Schicksalsschläge und soziale Bedingungen spielen eine große Rolle. Beispielsweise könnten die Eltern überfordert sein, das Kind mag kein Wunschkind sein, die Eltern mögen ein Kind nach ihren Vorstellungen formen wollen, wirtschaftliche Umstände können zu materieller Not führen, Todesfälle die Familie belasten oder auseinanderreißen; hinzu kommt das erweiterte soziale Umfeld bestehend aus Schule, Freundeskreis, Wohnviertel etc. und auch Schichtzugehörigkeit – all das gehört auf diese eine Seite der Beziehung.

Die andere Seite der Beziehung ist das Kind selbst. Dieses kann die Ereignisse und Verhaltensweisen der Umwelt auf seine eigene Art und Weise verstehen. Die Eltern mögen ihr Kind lieben, dennoch muss es sich nicht ungebrochen geliebt fühlen. Selbst wenn dem Kind Wertschätzung und Fürsorge entgegengebracht wird, muss es diese nicht in jedem Fall als positive Zuwendung erkennen. Beispielsweise kann eine schwere Geburt als Botschaft verstanden werden, in der Welt nicht willkommen zu sein. Oder ein Kind muss sich aufgrund einer Erkrankung für Monate im Krankenhaus aufhalten. Dann wird es sich nicht angenommen, sondern abgeschoben fühlen, gleichgültig, wie sehr die Eltern es lieben. Oder es stirbt gar ein Elternteil, dann wird sich das Kind verlassen und verraten fühlen, selbst wenn der andere Elternteil versucht, ihm alles zu geben. Auch die soziale Stellung und die ethnische Herkunft der Eltern können sich darauf auswirken, wie sehr sich ein Kind angenommen oder abgelehnt fühlt.

Das Umfeld, vor allem das engere in Form der Eltern, spielt eine wichtige Rolle für jedes Kind. Wenn man nun jedoch glaubt, die Umwelt oder die Eltern hätten »Schuld« an der Entstehung des Inneren Kindes – an seiner Wahrnehmung und an seinen Haltungen –, betrachtet man nur eine Seite der Beziehung und lässt die des Kindes außer Acht.

Dabei ist das Kind jedoch oft beteiligt, selbst wenn es noch klein ist. Und zwar durch seine individuelle Art, die Ereignisse zu verstehen. Es hat von der Zeugung an eigene Erfahrungen generiert. Diese ergeben sich aus der eigenen körperlichen Ausstattung, aus hormonellen Einflüssen der Mutter auf den Fötus, später aus der eigenen Position in der Familie, dem sozialen Gefüge etc. Aufgrund dieser individuellen Verfassung werden selbst ähnliche Umstände von verschiedenen Kindern unterschiedlich verarbeitet. So haben Geschwister zwar dieselben Eltern, werden vergleichbar behandelt, wachsen unter gleichen Bedingungen auf – und generieren doch sehr unterschiedliche Überzeugungen/Wahrheiten in Bezug auf sich, die Menschen und die Welt.

Die Reaktionen von Umwelt und Kind aufeinander zu durchschauen ist schwierig; und daher macht es wenig Sinn, beim Inneren Kind von einer »Schuld« der Eltern oder der Umgebung oder gar einer Schuld des Kindes auszugehen. Man spricht besser von Beteiligten und von Ereignissen und davon, welche Spuren diese beim davon betroffenen Menschen hinterließen und welche Folgen sie im Leben nach sich ziehen. Man spricht besser von Beziehungen.

Ich möchte nun die drei wesentlichen Beziehungen betrachten, die im Lauf des Heranwachsens und für das spätere Erwachsenenleben ausschlaggebend sind. Es sind dies die Beziehung zu sich selbst, die Beziehung zu den Eltern (den ersten Liebespartnern) und die Beziehung zur Welt.

Das Innere Kind in Beziehung zu sich selbst

Jeder Mensch hat eine Beziehung zu sich. Einfach beschrieben ist damit die Reaktion gemeint, die man mit Blick auf sich selbst zeigt. Beispielsweise die Reaktion auf das eigene Aussehen, die eigenen Bedürfnisse, die eigenen Gedanken und Gefühle, die eigenen Stärken und Schwächen, die eigenen Sehnsüchte, das eigene Verhalten und anderes mehr. Die Beziehung zu sich selbst kann gut oder schlecht sein, meist gestaltet sie sich in Hinsicht auf bestimmte Aspekte unterschiedlich. So kann man sein Aussehen mögen, aber gegenüber manchen Bedürfnissen relativ gleichgültig sein oder sich sogar für bestimmte Eigenarten selbst verachten. Im Grunde gibt es also nicht die eine Beziehung zu sich selbst, sondern unterschiedliche Reaktionen auf unterschiedliche Aspekte des eigenen Selbst.

Selbstliebe und Wertschätzung

Insgesamt wirkt sich eine überwiegend liebevolle und wertschätzende Beziehung zu sich selbst natürlich positiv auf das Lebensgefühl aus. Wenn jemand eine positive Haltung sich selbst gegenüber zeigt, sagt man, er liebe sich selbst. Den Begriff Selbstliebe darf man allerdings nicht absolut verstehen, im Sinne von: Ich liebe alles an mir. Man wandelt sich, man nimmt Veränderungen an sich wahr, beispielsweise wird man älter und findet das weniger gut. Oder man belügt jemand Nahestehenden oder tut etwas anderes, mit dem man anschließend selbst nicht einverstanden ist. So kann man immer wieder Probleme mit sich selbst bekommen und dann ist das Verhältnis zu sich selbst gestört.

Grundsätzlich aber erfordert Selbstliebe, für die Dinge, die man an sich selbst beobachtet und erfährt, Akzeptanz und Wertschätzung aufzubringen. Umgangssprachlich ist damit gemeint, ein Herz für sich zu haben. Auch und gerade für die sogenannten Schwächen und so bewerteten Unvollkommenheiten, die man an sich wahrnimmt oder auf die man von anderen gestoßen wird.

Doch wie gewinnt ein Mensch den Eindruck, liebenswert zu sein? Diesen Eindruck bringt er nicht mit auf die Welt. Er entwickelt ihn im Lauf der ersten Lebensjahre. Er entnimmt ihn den Reaktionen der anderen. Vor allem natürlich den Reaktionen der unmittelbaren Bezugspersonen, der Eltern, aber auch anderer nahestehender Menschen, mit denen er im Lauf der ersten Lebensjahre zu tun hat. Über die Art und Weise, wie diese Menschen ihm entgegentreten, erfährt er seinen Wert.

Ein Kind kann seinen Wert also nicht unabhängig von der Wertschätzung anderer definieren. Es beobachtet sich in den ersten Jahren sozusagen durch die Augen der anderen. Wenden sich ihm andere liebevoll zu, dann zieht es daraus den Schluss, über Wert zu verfügen. Sind diese gleichgültig oder wenden sie sich ab, folgert das Kind daraus, wenig oder keinen Wert zu haben.

Die Haltung sich selbst gegenüber

Wenn ein Kind von seiner Umwelt mit Liebe und Respekt behandelt wird, so wird es ein grundsätzlich akzeptierendes Verhältnis zu sich selbst entwickeln. Die Erfahrung, voll und ganz geliebt zu werden, ist allerdings bei kaum jemandem ungebrochen vorhanden. Die Lebensumstände, spezifische Ereignisse, konkrete menschliche Beziehungen und die individuelle Interpretation all dessen hinterlassen den Eindruck, zumindest in Teilen abgelehnt zu werden. Weil man auf die Bestätigung und Zuwendung anderer angewiesen ist, beginnt man nun, auch Teile oder Seiten von sich abzulehnen.

Verhalten sich Eltern beispielsweise hart gegenüber bestimmten Gefühlen des Kindes, so lernt es, entsprechend hart gegenüber seinen Gefühlen zu sein. Einfach deshalb, weil von ihm emotionale »Stärke« gefordert wird und es auf seine Eltern angewiesen ist, auf deren Zuwendung. Deren positive Zuwendung erhält es am ehesten, wenn es den elterlichen Vorstellungen und Forderungen nachkommt.

Dazu ein Beispiel:

Einer meiner Klienten kam schlecht gelaunt in die Beratung. Er berichtete, normalerweise sei er ein positiver Mensch, nun aber würde er sich kaum wiedererkennen. Nichts mache ihm so recht Spaß und er würde am liebsten »die Biege machen« und sich für eine Weile verdrücken.

Ich forderte ihn auf, seine gegenwärtige Situation zu schildern. Der Physiotherapeut hatte viel mit seiner Praxis zu tun. Außerdem hatte seine Freundin ein altes Haus gekauft, das er zu renovieren versprochen hatte. Aber, so erzählte er, ihr ginge es nicht schnell genug. Das sehe er auch ein, er wäre einige Monate hinter dem Zeitplan. Auf meine Frage, ob das nicht alles ein bisschen viel sei, lehnte er meinen Einwand spontan ab: »Schwäche kommt in meinem Wortschatz nicht vor.« Kaum hatte er den Satz geäußert, war er von seiner eigenen Aussage verblüfft. Er fragte sich, wieso er nicht schwach sein wollte, wo er doch seitens seiner Klienten viel mit Schwäche konfrontiert sei.

Ich regte an, er solle seiner Freundin gegenüber klarmachen, dass er den Zeitplan zum Umbau des Hauses nicht einhalten könne. Seine Antwort war: »Das geht nicht, das kann ich ihr nicht antun.« Ich erwiderte: »Aber sich selbst können Sie etwas antun, oder?«

Der Mann hatte ein Einsehen, wusste aber nicht, *wie* er seiner Freundin gegenüber klarmachen sollte, dass er am Limit war. Den Rest der Sitzung verbrachten wir mit der Suche nach passenden Formulierungen. Zufrieden war er mit folgender Aussage: »Ich bin nicht so stark, wie ich geglaubt habe. Ich muss mehr Rücksicht auf mich nehmen.«

Woher stammte seine Haltung der eigenen Schwäche

gegenüber? Der Mann hatte von seinen Eltern keinen Druck diesbezüglich bekommen. Aber er hat sie nie als schwach erlebt. Schwäche war in seiner unmittelbaren Familienumgebung nicht vorhanden, sie kam nicht vor.

Ein Kind entwickelt aufgrund bestimmter Umstände eine Ablehnung gegenüber seinen als schwach empfundenen weichen Seiten, und diese Haltung trägt es in sein späteres Leben. Dem Erwachsenen werden dann weiche Gedanken und weiche Gefühle Angst machen. In der Beratung erklären manche Menschen, warum sie beispielsweise nicht weinen wollen: »Ich habe Angst, dann nicht mehr aufzuhören.« Weichsein ruft die Angst vor Kontrollverlust hervor, gerade dann, wenn sich unter der Härte ein »See« von Traurigkeit angesammelt hat.

Werden Kinder überfordert, überfordern sie sich als Erwachsene. Mussten sie damals Leistung bringen, um geliebt zu werden, so bringen sie heute Leistung, um von sich selbst und von anderen Anerkennung zu erhalten. Sie fordern ständig von sich, mehr zu leisten, aber was sie leisten ist nie genug. Loslassen und genießen ruft bei ihnen die Angst hervor, ausgeschlossen zu werden. Auch hierzu ein Beispiel:

Eine Tierärztin hat es geschafft, in nur einem Jahr ihrer Selbstständigkeit die Kontakte zu Kollegen und zur Universität, an der sie studiert hat, zu ruinieren. Sobald sie ein Problem mit der Behandlung eines Tiers hatte, setzte sie Himmel und Hölle in Bewegung, um die beste und modernste und wissenschaftlichste Therapie herauszufinden. Mit ihrem Perfektionszwang machte sie es sich und den Kollegen schwer, kaum jemand wollte noch mit ihr über fachliche Themen sprechen. Auch die Praxis litt, weil die Ärztin die enorme Zeit, die sie zur Klärung bestimmter

Fälle aufwandte, nicht in Rechnung stellen konnte. Sie selbst sagte, sie werde von ihren Ängsten terrorisiert.

Woher stammen ihre Zwänge? Ihre Eltern waren beide Akademiker, vor allem der Vater hat sie in schulischer und sonstiger Hinsicht mit Strenge behandelt. »Gelobt hat er mich nie«, sagt sie, »es war schon ein Wunder, wenn er mal nichts zu kritisieren hatte.« So wie die Eltern damals geht sie heute mit sich um und richtet die gleichen Erwartungen der Perfektion an sich.

Wurden Kinder im Gegensatz dazu nicht gefordert, sondern überfürsorglich behandelt, wurde ihnen jede Anstrengung abgenommen, dann haben sie es später schwer, sich zu motivieren und ihr Leben aktiv zu gestalten. Sie fürchten stets zu versagen, können mit Frustrationen schlecht umgehen, lassen sich lieber treiben, als Herausforderungen anzunehmen. Sie haben nicht gelernt, Rückschläge einzustecken:

Ein Mann hat die Chance, Abteilungsleiter in seinem Betrieb zu werden. Aber dann wird ihm ein anderer vorgezogen. Er sagt daraufhin: »Ich war nicht gut genug, der andere ist wohl besser«, und beschließt, auf seinem Posten zu bleiben. Seine Frau will, dass er gegen die Entscheidung angeht, für sich kämpft oder sich eine neue Firma sucht. Er kann sich dazu nicht aufraffen, sagt, es sei ihm einfach zu stressig, der Aufwand lohne sich nicht.

Woher stammt seine Überzeugung? Er sagt: »Als Kind durfte ich nicht auf Bäume klettern, das hat meiner Mutter Angst gemacht. Überhaupt hat ihr alles Angst gemacht. Irgendwann habe ich dann aufgehört, bevor sie zu zetern anfing.«

Warum ist die Haltung der Eltern den Kindern gegenüber so wichtig? Weil darin die Erlaubnisse, Verbote und Begrenzungen der »ganzen Welt« enthalten sind. Weil Kinder stets generalisieren. Die kindliche Welt ist die ganze Welt. Ist diese individuelle Welt hart, dann ist die ganze Welt hart. Wird darin Weinen verurteilt, dann ist Weinen in der ganzen Welt verurteilt. Dann wollen alle Erwachsenen nichts von diesen Tränen wissen. Ist Leistung der Maßstab, dann ist das nicht nur zu Hause, sondern überall so. Dann muss man überall Leistung bringen und sich beweisen, um Anerkennung zu finden.

Das Kind überträgt die Erfahrungen seiner unmittelbaren Umgebung auf »alles«. Wenn die ganze Welt so ist, wie es zu Hause ist, dann wird die ganze Welt die gleiche Haltung haben, die die Eltern einnehmen. Dann hält man von sich nicht mehr, als diese von einem hielten.

Im Supermarkt wurde ich kürzlich Zeuge der folgenden Szene: Ein Mann fuhr seine quengelnde, etwa dreijährige Tochter an: »*Du bist eine furchtbare Nervensäge. Ich nehme dich nie mehr mit zum Einkaufen.*« Das Kind sah bestürzt zu Boden, es hatte Tränen in den Augen. Ein Kind begreift nicht, dass solche Aussagen auf den Moment bezogen sind, es fühlt sich im Ganzen abgelehnt. Der Vater hätte besser gesagt: »*Dein Gequengel nervt mich*«, statt eine verurteilende Bemerkung über das Kind zu machen und mit Liebesentzug zu drohen; und noch besser wäre eine zugewandte Haltung gewesen.

Sollte der Vater so etwas oft sagen und die Mutter womöglich auch, könnte das Kind zu der Überzeugung gelangen: »*Ich störe, ich bin eine Zumutung.*« Natürlich wäre sich das Kind und auch die spätere Erwachsene dieser Überzeugung nicht bewusst, weil es sich um eine gefühlte Wahrheit handelt, dennoch würde sein Verhalten und seine Beziehung sich selbst gegenüber dadurch bestimmt.

Die kindliche Welt in dieser Familie, mit diesen Eltern wird zur Welt schlechthin. Hier entstehen die Überzeugungen, die das Kind über sich selbst gewinnt. Und von diesen Überzeugungen hängt sein Verhalten sich selbst gegenüber ab und zu großen Teilen das Verhalten, das der spätere Erwachsene sich selbst gegenüber zeigt. Daher machen Menschen, die sich mit dem Inneren Kind befassen, auch eine bedeutsame Entdeckung: *Sie gehen mit sich selbst auf gleiche oder ähnliche Weise um, in der ihre Eltern damals mit ihnen umgingen.*

Wahrheiten in Bezug auf sich selbst

Die Beziehung des Menschen zu sich selbst ist, so viel dürfte klar sein, wesentlich von Überzeugungen über sich selbst geprägt, die aus der Vergangenheit mitgebracht wurden. Solche Wahrheiten lassen sich im Verhalten des Erwachsenen aufspüren. Das folgende Beispiel einer Frau, die sich im Zustand großer seelischer und körperlicher Erschöpfung befand, mag das erläutern:

Die Frau hatte zwei eigene Kinder, zwei weitere in Pflege genommen und war zusätzlich in einigen sozialen Einrichtungen engagiert. Sie beschrieb ihren Alltag als reich an Pflichten und persönlicher Entsagung. Nach Aufforderung schrieb die Frau eine Liste mit den inneren Anweisungen auf, nach denen sie ihr Leben richtete. Diese Liste enthielt, was sie für wichtig und wahr hielt. Alle darin aufgeführten Anweisungen hatten das Wohlergehen anderer zum Ziel. Das betrachtete sie als ihre dringlichste Aufgabe.

Was muss jemand, der so viel für andere tut, dass er selbst erschöpft und ausgelaugt ist, über sich selbst glauben? Die Wahrheit, die die Frau aus ihrer Kindheit in ihr erwachsenes Dasein übertrug, lautete: »Ich bin nicht so wichtig wie andere. Nur wenn es den anderen gut geht, fällt auch für mich etwas ab.« Ihr Verhalten hatte zum Ziel, etwas für andere zu tun, um auf diesem Umweg etwas für sich zu tun, weil sie sich davon Liebe erhoffte.

Den scheinbaren Wahrheiten in Bezug auf sich selbst kommt man – wie schon beschrieben – auf die Spur, wenn man nach den verborgenen Motiven eines Verhaltens forscht. Welchen Sinn soll ein bestimmtes Verhalten haben, welchem Zweck soll es dienen, wozu soll es gut sein? Die Frage, ob es tatsächlich zu etwas gut ist, muss man erst einmal weglassen, denn es geht ja nicht um objektive, sondern um subjektiv *empfundene* Wahrheiten.

Beispielsweise fällt einem Mann auf, dass er sich ständig um die Anerkennung von Kollegen und Freunden bemüht. Er bemerkt das, weil Kontakte anstrengend für ihn sind und oft im Streit enden. Der Mann sagt, er könne durchaus seine Meinung äußern, habe aber oft den Eindruck, dass er nicht entsprechend geschätzt werde. Dieser Eindruck stelle sich vor allem dann ein, wenn seiner Meinung widersprochen würde. Dann würde er diskutieren und unbedingt recht bekommen wollen, was zu Streit führe. Die Menschen würden ihm deshalb aus dem Weg gehen.

Als er von seiner Kindheit erzählt, fallen ihm Sätze ein, die er wohl tausend Mal von seiner überforderten Mutter gehört hatte: »Du bist der Nagel zu meinem Sarg«, und: »Hätte ich dich nur nicht in die Welt gesetzt.« Aus diesen Sätzen hat der die Überzeugung gewonnen: »Ich bin nicht erwünscht.« Das Kind entschloss sich – wie auch immer es zu diesem Entschluss kam –, um Anerkennung und um seinen Platz zu kämpfen. Das tut der Erwachsene ebenfalls, sein Diskutieren und Rechthabenwollen ist ein Kampf um Wertschätzung.

Jedes Kind hat solche oder ähnliche »Wahrheiten« verinnerlicht. »Du bist zu groß, zu faul, zu laut, zu frech, zu unsicher, du willst zu viel, du bist hässlich, du bist überflüssig, du bist minderwertig …« Oder zumindest: »Etwas an dir ist nicht in Ordnung.« Und jedes Kind hat – abhängig von den konkreten Umständen und seiner Art, diese zu verstehen – bestimmte Verhaltenskonsequenzen daraus gezogen, die zu großen Teilen bis in die Gegenwart hineinwirken.

Auch im Berufsleben lassen sich »Wahrheiten« über sich selbst aufspüren, die aus der Vergangenheit mitgebracht wurden und die heutiges Verhalten erklären.

Beispielsweise fühlt sich eine Frau in ihrer Arbeit gemobbt. Sie findet das nicht in Ordnung, traut sich aber nicht, gegen die Quäler in ihrer Abteilung vorzugehen. Nach außen hin versucht sie, das Verhalten der anderen zu ignorieren und sogar, es ihnen recht zu machen. Doch statt Entgegenkommen und Respekt erntet sie Spott und Verachtung. Ihre Überzeugung lautet: »Ich ziehe ja doch den Kürzeren« und »Gegen die komme ich nicht an.«

Worin soll der Sinn ihres Verhaltens liegen? Es ist eine Art »Mäuschen-Reflex«, eine Stillhaltestarre, die Schlimmeres verhindern soll, die aber Schlimmeres provoziert.

Wer nun aus diesem Beispiel entnimmt, es wäre grundsätzlich besser, statt einer solchen defensiven eine offensive Haltung zu zeigen, der irrt. Es ist nicht hilfreich, sich gegenüber anderen kleinzumachen, aber das Gegenteil bewirkt auch nichts Gutes, wie die folgende Szene zeigt:

Ein Mann hat sich zum Außenseiter seines Teams entwickelt, die Kollegen gehen ihm aus dem Weg. Auch bei der Arbeitsverteilung scheuen sie sich, ihm interessante neue Aufgaben anzuvertrauen. Der Mann fühlt sich zunehmend isoliert und sucht in der Beratung nach dem Grund der Vorgänge. Eine Kollegin, mit der er halbwegs kann, hat ihm etwas »gesteckt«. Sie sagte, man könne ihn nicht kritisieren, er nehme alles persönlich und würde harsch reagieren, wenn er sich angegriffen fühlt.

Der Mann sieht das anders, folgt aber der Empfehlung des Beraters. Der fragt: »Wenn es wahr wäre, wenn es schwer wäre, Sie zu kritisieren: Wozu würde es gut sein, Kritik abzuwehren?« Der Mann sagt: »Man darf sich nichts gefallen lassen, man muss sich wehren!« Warum? »Sonst geht man unter.«

Der Mann hat im Arbeitsfeld ein persönliches Problem, das ihm von seinem Inneren Kind beschert wird, aber er tarnt es als ein berufliches Problem. Die Kollegen sind es leid, dass auch gut gemeinte Kritik übel genommen wird.

Auf allen Feldern, im Berufsleben und auch im Liebesleben, wirken sich die scheinbaren Wahrheiten, die jeder über sich gewonnen hat, aus. In vielen Fällen ist das Verhalten, das aus den mitgebrachten Überzeugungen folgt, für Erwachsene nachteilig.

Das Innere Kind in Beziehung zum Liebespartner

Eine weitere bedeutsame Beziehung eines Kindes ist die zu den ersten Liebespartnern, den Eltern. Eltern sind die ersten Liebespartner, weil sie vom Kind bedingungslos geliebt werden. Sie werden nicht deshalb bedingungslos geliebt, weil sie sich dieser Liebe stets als würdig erweisen, sondern weil sie vom Kind bedingungslos gebraucht werden.

Hinsichtlich der Beziehung zu den Eltern spielt ein besonderer Aspekt eine wichtige Rolle, nämlich die Bedeutung, die die Beziehung zum *gegengeschlechtlichen* Elternteil hat. Viele der Erfahrungen, die der Junge mit der Mutter und das Mädchen mit dem Vater macht, werden später in die Beziehung zu Liebespartnern hineingetragen und beeinflussen und prägen diese. Eine solche Prägung lässt sich anhand des Verhaltens aufspüren, das Erwachsene in einer Beziehung an den Tag legen. Dazu ein erstes Beispiel:

Eine Frau ist unzufrieden und setzt ihren Mann unter Druck, indem sie wiederholt einige Nächte zu ihrer Mutter zieht. Er holt sie jedes Mal zurück, entschuldigt sich bei ihr und gelobt Besserung, obwohl er sich im Recht fühlt und nicht meint, irgendetwas falsch gemacht zu haben.

Welche Überzeugung in Bezug auf die Liebe veranlasst ihn zu diesem nachgiebigen und selbst verleugnenden Verhalten? Um das herauszubekommen, muss man wieder die Frage stellen, wovon jemand überzeugt sein muss, um sich so verhalten zu müssen.

Der Mann sagt: »*Wenn ich nicht klein beigebe, wird sie gehen. Wenn ich sie behalten will, muss ich mich ihren Wünschen anpassen.*«

Er fühlt sich zwar im Recht, aber etwas anderes ist ihm viel wichtiger: nicht verlassen zu werden. Es fällt ihm nicht schwer, die Bezüge dieses Verhaltens zu seiner Kindheit herzustellen. Er sagt: *»Wenn ich nicht lieb war, hat meine Mutter tagelang nicht mit mir gesprochen. Ich habe sie dann angebettelt und ihr versprochen, brav zu sein.«* Heute sorgt das Innere Kind des Mannes für die gleiche Anpassung in seiner Beziehung. Er lässt zu, dass seine Frau ihre Unzufriedenheit an ihm auslässt. Er kann ihr keine Grenzen setzen, er kann sich nicht gegen sie behaupten, weil er fürchtet, verlassen zu werden.

Die Ansicht des Mannes aus diesem Beispiel lässt sich zu einer scheinbaren »Wahrheit über Liebe« formulieren. In diesem Fall lautet sie: »In der Liebe muss man sich anpassen« oder »Wer liebt, muss die Wünsche seines Partners erfüllen.« Viele Männer – das sagt meine Erfahrung als Paarberater – befinden sich ihrer Partnerin gegenüber in einer Art von »Diener-Haltung«, sie versuchen, es der Partnerin recht zu machen, um Streit und Abwendung zu vermeiden.

Wahrheiten über die Liebe

Wenn junge Menschen sich daranmachen, Liebesbeziehungen aufzunehmen, stützen sie sich auf bis dahin erworbene Überzeugungen. Diese Überzeugungen schaffen sowohl positive als auch negative Erwartungen. Wenn es wahr ist, dass man sich anpassen muss, erwartet man, für Anpassung mit Liebe belohnt zu werden; und ebenso erwartet man, für Nichtanpassung mit Missachtung gestraft zu werden.

Solche Erwartungen werden unbemerkt aktiviert, sobald man »Ich liebe dich« gesagt hat oder sobald man das fühlt.

Die Beteuerung »Ich liebe dich« weckt sozusagen das Innere Kind auf, damals entstandene Erwartungen in Form von Sehnsüchten oder Befürchtungen. So kann jemand insgeheim erwarten, dass ein Liebespartner mit ihm Meinungen, Hobbys, Gewohnheiten teilt, dass er sich immer bei ihm anlehnen kann, dass dieser für ihn die Kartoffeln aus dem Feuer holt, ihn »auf Händen trägt« etc.

Erwartungen und die damit verbundenen Überzeugungen über die Liebe können zu einschneidenden Erfahrungen führen. Dazu einige Beispiele:

Herr Wieland ist bei Frauen durchaus begehrt. Er lässt sich jedoch nicht auf eine tiefere Beziehung ein, hält sie möglichst unverbindlich. So macht er wiederholt die Erfahrung, dass seine jeweiligen Partnerinnen sich darüber beklagen, mit ihm sei keine Lebensplanung möglich. Herr Wieland antwortet dann scheinbar souverän: »*Wenn es dir nicht passt, kannst du jederzeit gehen!*« Trotzdem ist er verblüfft, wenn sie ihn dann tatsächlich verlassen. Vor allem die letzte Trennung von einer Frau, zu der er tiefere Gefühle entwickelt hatte, hat ihm schwer zugesetzt.

Was steckt hinter seinem Verhalten? Wovon muss jemand überzeugt sein, der immer wieder sagt: »*Wenn es dir nicht passt, kannst du jederzeit gehen*«? Herr Wieland sucht eine Weile nach einer Antwort und stellt dann fest, dass er wohl glaubt, niemanden zu brauchen. Er sagt: »*Offenbar ist mir Unabhängigkeit wichtiger als alles andere.*«

Auf die Frage »*Fürchten Sie sich davor, abhängig zu sein?*« fällt ihm eine Szene aus seiner Kindheit ein. Damals hatte sich seine vom Ehemann verlassene Mutter spätabends den Mantel angezogen und zu ihm gesagt: »*Ich gehe jetzt auch und komme nicht mehr wieder.*« Dieses Ereignis war für den Jungen emotional derart traumatisch, dass er sich nicht an die Stunden erinnern kann, bis die Mutter am nächsten Morgen zurückkam.

Welche Wahrheit in Bezug auf Liebespartner hat sich damals gebildet? Herr Wieland sagt: *»Seit dem Tag habe ich immer damit gerechnet, dass meine Mutter plötzlich weg ist. Wenn ich mich in den Jungen versetze, dann hat er die Situation so verstanden: Frauen gehen sowieso. Du kannst nicht darauf vertrauen, dass sie bleiben.«*

Damit ist das Verhalten des erwachsenen Mannes nachvollziehbar. Er will negativen Erwartungen bzw. Befürchtungen vorbeugen, indem er Abhängigkeit vermeidet und sich nicht fest an eine Frau bindet.

Allerdings begibt sich jeder, der einen Partner liebt, in eine gewisse Abhängigkeit. Er macht sich abhängig von der Zuwendung, der Bestätigung und dem Begehren des anderen. Die Frage ist deshalb nicht, *ob* man abhängig vom Liebespartner ist, sondern *wie sehr.* Zu viel Abhängigkeit, beispielsweise eine, die Selbstaufgabe verlangt, gilt es zu vermeiden. Wer aber jede Abhängigkeit vermeiden will, landet im Alleinsein, so, wie es Herrn Wieland geschah. Er wurde sozusagen Opfer seines Inneren Kindes.

Nicht nur negative, auch positive Erwartungen in Bezug auf die Liebe, die aus der Kindheit mitgebracht werden, können sich im Erwachsenenleben durchaus nachteilig auswirken. Das zeigt das nächste Beispiel:

Eine Frau hat geheiratet und mit dem Partner ein Kind in die Welt gesetzt. Der Mann macht Karriere in seinem Unternehmen. Er möchte ein zweites Kind, die Frau zögert, weil die familiären Belastungen vorwiegend an ihr hängen bleiben. Aber ihr Mann überzeugt sie mit seiner Begeisterung für ein weiteres Kind, er hatte sich immer »mindestens zwei Kinder« gewünscht. Das zweite Kind kommt.

Doch je höher der Mann die Karriereleiter hinaufsteigt, desto weniger Zeit bleibt ihm für Frau und Kinder. Die Frau ist nach einigen Jahren zunehmend frustriert und weist ihn immer dringlicher auf ihre Bedürfnisse hin. Ihre Bedürfnisse sind partnerschaftlicher Art, sie möchte, dass er Zeit mit den Kindern verbringt und sie im Haus unterstützt. Sie hat aber auch emotionale Bedürfnisse nach Austausch und Nähe, die in dem »belanglosen Zwischendurchsex« mit dem Mann nicht erfüllt werden. Der Mann verspricht ein ums andere Mal Besserung, diesbezügliche Taten bleiben indes aus, was seine Frau zu weiteren Klagen und Anklagen veranlasst.

Für den Mann wird es immer enger, er spürt, dass seine Frau nicht lockerlassen wird. Dann zieht er nach einem weiteren Jahr von einem Tag auf den anderen aus dem Haus aus. Er trennt sich, weil ihm »*alles zu viel wird*« und er zu dem Schluss gelangt ist, seine Frau »*nicht glücklich machen zu können*«. Für sie bricht eine Welt zusammen. Sie sagt: »*Ich hätte nie geglaubt, dass er so schnell aufgibt. Ich war sicher, dass wir es zusammen schaffen.*«

Woher nahm sie diese Sicherheit? Sie erzählt: »*Meine Eltern haben es auch nicht immer leicht miteinander gehabt. Aber in unserer ganzen Familie hat sich noch nie ein Paar getrennt. Für mich war immer klar, dass man zusammen durch dick und dünn geht. Das Versprechen war doch: In guten wie in schlechten Zeiten. Wie konnte er da gehen?*«

Wie könnte man die Überzeugung formulieren, die diese Frau aus ihren Kindheitserfahrungen gewonnen hat? »Wer sich liebt, bleibt zusammen« oder »Wer sich liebt, wird mit allen Schwierigkeiten fertig.« Diese Überzeugung hat gewissermaßen ihren Blick auf die wahren Verhältnisse getrübt. Mit klarem Blick hätte sie schon nach dem ersten Kind ihre Vorstellungen und Bedingungen deutlicher zur Sprache gebracht und sich unter diesen Umständen womöglich nicht auf weiteren Nachwuchs eingelassen.

Das Beispiel zeigt, dass auch positive Erwartungen, die aus der Kindheit stammen, zu problematischem Verhalten führen. Bei negativen Erwartungen ist das in jedem Fall so. Beispielsweise bei Befürchtungen, die zu einem überzogen eifersüchtigen Verhalten führen. Wie im nächsten Beispiel.

Ein junger Mann von 26 Jahren hat sich nach dreijähriger Beziehung schweren Herzens von seiner Partnerin getrennt. Er sagt, er halte ihr ständiges Misstrauen, ihre Nachstellungen und die massiven Eifersuchtsszenen nicht mehr aus, die sie ihm seit Beginn der Beziehung mache. »*Sie stellt mir permanent nach. Ich kann mich nirgends aufhalten, ohne dass ich Angst habe, sie stünde gleich hinter mir und würde mir eine Szene machen. Es ist egal, was ich tue, ob ich ihr meine Liebe beteure oder nur mit ihr allein zusammen etwas unternehme, sie findet immer etwas, das ihr Misstrauen nährt, und dann lässt sie nicht locker.*«

Seine Partnerin hingegen meint, sie bilde sich keineswegs etwas ein, sondern habe allen Grund zur Eifersucht. Sie könne sich bei ihm nicht sicher fühlen. Überhaupt könne man Männern nicht vertrauen. Das habe schon ihre Mutter schmerzlich erfahren müssen. Sie ist auch nach der Trennung fest davon überzeugt, dass ihre Eifersucht gerechtfertigt war und hat dafür auch (für sie) überzeugende Beweise: »*Wenn er wirklich nichts zu verbergen gehabt hätte, dann hätte er mich ja in sein Smartphone und seinen Computer sehen lassen!*«

Wie lautet hier die Überzeugung? Dass man Männern nicht vertrauen kann! Dass sie einen früher oder später betrügen! Dass man sich mit ihnen nicht sicher fühlen kann! Die Eifersucht war insofern der Versuch der Frau, eine gewisse Sicherheit zu erreichen. Leider schnürt übermäßige und unkontrollierbare Eifersucht dem Partner die Luft ab und treibt ihn aus der Beziehung.

Liebe im Zusammenhang von Enge und Mangel

Was ist Liebe? Wie funktioniert sie? Womit muss man rechnen, wenn man liebt? Worauf darf man hoffen? Was muss man auf jeden Fall vermeiden? Die Antworten auf diese Fragen suggerieren einem beim Start ins Liebesleben die Erfahrungen, die man in der Kindheit mit Liebe gemacht hat; und deshalb spielt das Innere Kind bei Paarbeziehungen immer eine Rolle. Niemand bleibt von in der Kindheit erworbenen Überzeugungen/Wahrheiten in Bezug auf Liebespartner und Liebe verschont. Niemand geht erwartungsfrei eine Liebesbeziehung ein.

Gestützt werden diese Erwartungen auch heute noch nicht zuletzt aus den Effekten der Rollenteilung. Es wird wohl noch einige Generationen brauchen, ehe sich das an ein Geschlecht gebundene Rollenverhalten aufgelöst hat – bröckeln tut es ja bereits seit geraumer Zeit. Dennoch hat es immer noch erhebliche identitätsstiftende Bedeutung, ob man ein Mann oder eine Frau ist und sich dementsprechend verhält. Natürlich trifft das, was ich hier beschreibe, nicht auf jede Beziehung zu, außerdem kann sich das Rollenverhalten umkehren, denn es ist sozial und nicht genetisch bestimmt. Nichtsdestotrotz beschert das Rollenverhalten der Eltern den Mädchen und Jungen unterschiedliche Erfahrungen in Bezug auf die Liebe.

So lernt ein Mädchen die Liebe oftmals im Zusammenhang mit Mangel kennen. Der Vater ist häufig abwesend, er kümmert sich weniger um die Kinder, zudem hält er sich von Emotionen fern, er muss für die Arbeit stark sein. Das Mädchen sehnt sich oft nach seiner Zuwendung und auch nach dem Begehren in seinem Blick. Es braucht diesen Blick, um seine geschlechtliche Identität zu stärken, denn aus diesem Blick kann es entnehmen, ein begehrenswertes Wesen zu sein. Das Mädchen erfährt bezüglich seines Werts »als Frau« einen Mangel. Um dieses schmerzliche Mangelerleben zu vermeiden, bemüht es sich um die Liebe des Vaters.

Ein Junge erlebt etwas Gegenteiliges. Bei ihm kommt die Liebe im Zusammenhang mit Beengung vor. Die Mutter ist allgegenwärtig und allmächtig, sie verbietet oder erlaubt, er muss sich ihr unterordnen, ihr gegenüber muss er sich anpassen, muss »lieb« sein. Um diese Enge zu vermeiden und der mütterlichen Dominanz zu entgehen, geht der Junge gerade der Frau aus dem Weg, die er am meisten liebt. Wie? Er verbirgt oft, was er fühlt und will.

Diese Erfahrungen mit der »ersten Liebe« zum gegengeschlechtlichen Elternteil zeigen sich im Verhalten der Erwachsenen. Männer erwarten unbewusst, in der Liebe beengt zu werden. Um diese Enge zu vermeiden, verschließen sie sich im Konfliktfall und suchen einen Abstand zur Frau, sie suchen ihre sogenannte Freiheit. Frauen hingegen befürchten, in der Liebe früher oder später vernachlässigt zu werden. Um diesen Mangel zu vermeiden, bemühen sie sich im Konfliktfall um die Beziehung, erschöpfen sich in Beziehungsarbeit und suchen die Nähe zum Mann.

Damit beginnt ein fataler Kreislauf gegenseitiger Reaktionen aufeinander. Je mehr sich der Mann verschließt, desto stärker bemüht sich die Frau, woraufhin der Mann sich weiter entfernt, woraufhin die Frau mit mehr Bemühen reagiert ... usw. Im Lauf der Zeit stehen sich in der Beziehung schließlich zwei Partner gegenüber, von denen jeder mit Fug und Recht sagen kann: »Meine Frau bedrängt mich!« – »Mein Mann vernachlässigt mich!«

In solchen Fällen lenken Innere Kinder die Empfindungen und Handlungen der Partner. Fatal dabei ist, dass gerade die Versuche, Enge- und Mangelempfindungen zu vermeiden, auch hier zur Reproduktion früher gemachter Erfahrungen führen. Wer sich näher mit dem Thema beschäftigen möchte, dem sei mein Buch *Wie Männer und Frauen die Liebe erleben* ans Herz gelegt.[2]

Das Innere Kind auf Partnersuche

Erfahrungen mit den ersten Liebespartnern wirken sich ebenfalls bei der Partnersuche der Erwachsenen aus. Das zeigt sich beispielsweise in folgender, oft zu hörender Aussage: »Ich verstehe nicht, wieso ich immer wieder denselben Typen begegne, wieso ich immer wieder auf die gleichen Männer beziehungsweise Frauen reinfalle.«

Der psychologische Mechanismus hinter diesen Erfahrungen ist leicht zu erklären. Man fühlt sich von einem bestimmten Typus angezogen, weil man eine bestimmte Überzeugung darüber gewonnen hat, *wo Liebe zu finden ist: nämlich hinter verschlossenen Türen!* Natürlich handelt es sich dabei nicht um eine objektive Wahrheit, sondern um eine Überzeugung des Inneren Kindes. Würde es sich um eine tatsächliche Wahrheit handeln, dann müsste man sich tatsächlich vor verschlossene Türen begeben und versuchen, diese aufzustemmen. Genau das tun die von derartigen Erfahrungen Betroffenen.

Wenn früher der Vater nicht wirklich erreichbar war,

suchen sich Frauen unerreichbare Männer; und wenn früher die Mutter abweisend war, suchen sich Männer abweisende Frauen. Man will eine alte Liebessehnsucht stillen. Wenn es beim ersten Partner nicht klappt, dann muss es beim zweiten oder dritten Partner klappen. In jedem Fall spürt man eine brennende Liebe zu unerreichbaren Partnern. Man ist auf das Ziel fixiert, die Tür aufzubrechen, den Partner zu »knacken«, die Distanz zu überwinden, ihn zu erweichen oder wie auch immer zur Öffnung zu bewegen. Gleichzeitig ist man fest davon überzeugt, dass sich hinter offenen Türen – also bei Partnern, die zu haben wären – keine Liebe verbirgt. Da gibt es nichts zu holen, glaubt man und entwickelt erst gar keine Sehnsucht.

Diese Überzeugungen führen zu einer paradoxen Erfahrung: »Männer/Frauen, die mich wollen, will ich nicht; und Männer/Frauen, die ich will, wollen mich nicht.«[3] Singles können ein Lied von dieser Erfahrung singen, einer Erfahrung, die oft wiederholt wird und die zu dem immer selben Frust führt. Aber selbst wenn sich der begehrte Partner auf eine Beziehung einlässt und die Tür scheinbar aufgeht, findet sich dahinter nicht die ersehnte Zuwendung. Entweder erweist sich der Partner als jemand, der auch in einer Beziehung distanziert bleibt, oder es ist ihm unmöglich, die Erwartungen des Inneren Kindes zu erfüllen, weil er jemanden auf Augenhöhe lieben will und nicht darauf aus ist, kindliche Sehnsüchte zu stillen.

Wesensergänzung gesucht

Eine weitere Sehnsucht, die sich aus in der Kindheit gemachten Erfahrungen ergibt und die Einfluss auf die Partnerwahl von Erwachsenen hat, hängt mit der Einseitigkeit damals erworbener Fähigkeiten zusammen.

Jeder hat, entsprechend seiner individuellen Verfassung und den Vorgaben und Einschränkungen seiner Umgebung, bestimmte Fähigkeiten entwickelt und andere vernachlässigt. Einer hat gelernt, stark und durchsetzungsfähig zu sein, ein anderer ist zart und nachgiebig. Der eine ist pragmatisch und zielorientiert, ein anderer ist verspielt und verträumt. Einer ist technisch begabt, ein anderer naturverliebt. Jeder hat bestimmte Seiten seines Wesens ausgeprägt und andere vernachlässigt, je nachdem, womit er damals am besten klarkam.

Der Erwachsene ist nun gewöhnlich beim anderen Geschlecht von denjenigen Wesensarten fasziniert, die bei ihm selbst weniger ausgeprägt sind. *Er* liebt ihre Klarheit und Zielstrebigkeit, während *sie* von seiner verträumten Seite und seiner künstlerischen Ader fasziniert ist. Oder *sie* liebt seine Bodenständigkeit und *er* ihre Leichtigkeit. *Er* ist in ihre Zartheit verliebt, *sie* bewundert seinen Mut.

Jene Eigenschaften, die am anderen faszinieren, versprechen die Teilhabe daran, indem man dem Betreffenden nahekommt. Aus diesem Bestreben, sich sozusagen am Wesen des Partners zu vervollständigen, erklären sich zu großen Teilen Verliebtheit und das Begehren, in der Nähe des Geliebten zu sein. Mit dem anderen scheint man ganz von selbst »ganz«, »vollständig« zu werden.

Doch umsonst scheint dieses Paradies nicht zu haben zu sein. Damit der Partner fasziniert bleibt, glaubt man, so sein und bleiben zu müssen, wie man ihm erscheint. Dadurch legt man sich selbst auf einseitiges Verhalten fest und lässt sich vom anderen darauf festlegen. Wer mit Leichtigkeit punktet, darf nicht niedergeschlagen sein, schon gar nicht auf Dauer. Wer mit Bodenständigkeit punktet, darf keine verrückten Dinge tun. Wer mit Mut punktet, darf keine Ängste und Schwäche zeigen, etc.

Die Gefahr beim Erwachsenen besteht also darin, für seine Symbiose-Sehnsüchte mit seiner Individualität zu bezahlen. »Man wird nicht eins, man geht ein«, so drückte es eine Frau aus, die lange geglaubt hatte, es ginge bei der Liebe um Verschmelzung, darum, eins mit dem Partner zu werden. Doch nach einigen Jahren hielt sie es nicht länger durch, seine »Königin« zu sein und sich für ihn schön und begehrenswert zu machen, und er war müde und erschöpft davon, sie »auf Händen zu tragen«.

Beinahe unweigerlich verwandelt sich die Faszination erster Anziehung in eine spätere Ablehnung, zumindest zeigen sich die Schattenseiten der Einseitigkeit. Nach einer Weile merkt man, dass der Mutige nicht nur mutig ist, sondern auch rücksichtslos. Und die Zielstrebige ist nicht nur zielstrebig, sondern auch verbissen. Und der Künstler mag zwar kreativ sein, trägt aber nicht zum Lebensunterhalt bei. Dann zeigen sich die Folgen des festgelegten Verhaltens in Konflikten und Machtkämpfen. Mit anderen Worten: Innere Kinder sind am Werk.

Halten wir fest: Das Beziehungsverhalten Erwachsener ist oftmals von Überzeugungen bestimmt, die in einer Situation großer Abhängigkeit entstanden sind. Für die Beziehungspartner stellt es dann meist eine große Anstrengung dar, ihre Liebe aus dem Kontext von Abhängigkeit zu lösen und auf den Boden größerer Unabhängigkeit zu stellen.

Gelingt das, werden Probleme keinesfalls vollständig vermieden. Freude und Leid geschehen auch in einer Beziehung auf Augenhöhe. Aber es kommt nicht länger zur Wiederholung von in der Kindheit gemachten Erfahrungen.

Das Innere Kind in Beziehung zur Welt

Zu den Wahrheiten über sich selbst und die Liebe gesellen sich bei jedem Menschen Wahrheiten über die Welt, also über das Leben und über die Menschen. Auch in Bezug auf die Welt werden Erfahrungen und Wahrheiten aus dem kindlichen Lebensumfeld mehr oder weniger auf alle Menschen übertragen, was zu entsprechenden Folgen führt.

- »Man darf den Menschen nicht trauen« ist beispielsweise eine Wahrheit, die zu Distanz den Menschen gegenüber verleitet, welche ihrerseits mit Distanz antworten.
- »Jeder ist sich selbst der Nächste« – diese Wahrheit fordert zur Rücksichtslosigkeit anderen gegenüber auf, die sich mit gleichem Verhalten revanchieren.
- »Gegen die da oben kommt man doch nicht an« – diese Überzeugung führt dazu, sich unter Umständen zu viel gefallen zu lassen, wodurch sich die Erfahrung bestätigt, machtlos zu sein.

Erstaunlicherweise scheinen die Überzeugungen bezüglich der Welt näher an der Oberfläche des Bewusstseins zu liegen als Überzeugungen, die sich auf das Selbst oder auf Liebespartner beziehen. Das tut ihrer Wirkung allerdings keinen Abbruch. Oft hört man jemanden beispielsweise sagen:

- »Das Leben ist ein Tal des Leidens.«
- »Man muss sich bescheiden.«
- »Der frühe Vogel fängt den Wurm.«
- »Schuster, bleib bei deinen Leisten.«
- »Ehrlichkeit siegt.«
- Etc.

Wer so etwas oder etwas anderes glaubt, der verhält sich dementsprechend. Dazu folgendes Beispiel:

Eine 37-jährige Angestellte im mittleren Management hat ihren Job aufgegeben. Ihr Vorgesetzter hatte sich zuerst einige ihrer Ideen angeeignet und sie anschließend aus dem Job gemobbt. Sie sagt: »*Seither verspüre ich überhaupt keine Lust mehr zu arbeiten. Eigentlich müsste ich mir eine neue Arbeit suchen, aber ich bin nur enttäuscht und sauer.*«

Bei näherer Betrachtung entdeckte die Frau in ihrer Reaktion »*etwas überraschend Kindliches und Naives, das eigentlich gar nicht zu meinem Selbstbild passt*«.

Wie hatte sie sich ihrem Chef gegenüber verhalten? Sie hatte ihm Vertrauen geschenkt und im Gegenzug dafür Fairness und Gerechtigkeit erwartet, »*fast wie von einem Vater*«. Ihre Überzeugung lautete in etwa: »*Vertrauen wird belohnt.*« Gleichzeitig hatte sie es ihrem Chef leicht gemacht, sie als unfähig hinzustellen. »*Mir fällt es schwer, meine Meinung vor Gruppen zu vertreten. Sobald Auseinandersetzungen entstehen, bekomme ich Beklemmungen. Dann kriege ich Herzklopfen, stottere, vergesse Sätze. Das hat es einfach für ihn gemacht, mich loszuwerden.*«

Diese Frau begegnete dem Inneren Kind gleich zweimal. Einmal in ihrer Erwartungshaltung dem Chef gegenüber (wie ein Kind zum Vater) und ein zweites Mal in ihrer Hemmung, sich zu streiten und ihre Interessen offensiv zu vertreten.

Wahrheiten über »die Welt« müssen nicht aus familiären Konstellationen stammen, sie können sich bereits in einem ersten Kontakt mit der Welt – bei der Geburt – bilden. So erging es dem Mann aus dem nächsten Beispiel:

Herr Frank hat seine Arbeit verloren. Seitdem leidet er unter starken körperlichen Symptomen. Er wolle sich nur noch verkriechen, sagt er. Sein Therapeut fordert ihn auf, diesen Empfindungen nachzukommen. Also legt sich Herr Frank auf den Boden und rollt sich zusammen, als wolle er in sich selbst hineinkriechen. Dann schildert er sein Erleben: *»Es fühlt sich an, als ob mich jemand auseinanderreißen will.«* Er wehrt sich heftig gegen jede Berührung, krampft und ächzt, schließlich erschlafft er und liegt regungslos da, atmet mehr als eine Minute nicht, dann ruft er »Nein, nein, lasst mich« und fängt zu weinen an. Die Worte »So doch nicht« und »Ich gehöre hier nicht hin« sprudeln aus ihm heraus. Schließlich liegt er wie betäubt da.

Nachdem die körperliche Dynamik abgeklungen ist, beschreibt er sein Empfinden: *»Um mich herum war nur noch Kummer, so was wie ein Meer von Kummer. Ich lag da wie platt gewalzt und dann dieser Kummer, der sich um mich legte und alles ausmachte, was noch da war, ausweglos, unendlich und erdrückend.«*

Was war geschehen? Herr Frank hat seine problematische Geburt in Form einer körperlichen Regression wiedererlebt. Von seiner Mutter erfährt er später, dass er tatsächlich in Steißlage, mit den Füßen voran und der Nabelschnur um den Hals, blau angelaufen, zur Welt kam. Die Ärzte holten ihn aus der Gebärmutter, indem sie ihn an Händen und Füßen nach außen zogen, während die Wehen seinen Kopf nach innen drückten. Auf dem Hintergrund dieses Erlebnisses machen seine Worte »So doch nicht« und »Ich gehöre hier nicht hin« jetzt Sinn.

Zu seinem Geburtserlebnis sagt er später: *»Es tat nichts weh, das Ganze fühlte sich nur unendlich falsch an. Dann war es plötzlich still. Ich hatte so ein Körpergefühl, wie ich mich erinnere, als kleines Kind, so ein taubes, wattiges, wie ein*

Nichts. Das war wohl die Zeit, wo ich nicht mehr geatmet habe. Dann habe ich gemerkt, dass ich wieder zu atmen anfing. Aber mein Empfinden sagte mir: Du gehörst da nicht hin.«

Die von Herrn Frank erlebte Stille hängt offenbar mit einem Beinahe-Todes-Erlebnis zusammen, das er infolge von Sauerstoffmangel durchlebte. Seine Überzeugung, in diese Welt nicht hinzugehören und die Welt als einen Ort »voller Kummer« wahrzunehmen, kann er quer durch sein Leben nachverfolgen. Er sagt, er habe sich im Leben immer am falschen Platz gefühlt und sich daher auch nie für etwas richtig begeistern können. Dass er seine Arbeit verloren habe, wundere ihn nicht, er sei im Job eher ein Mitläufer gewesen.

Das Geburtserlebnis aus dem Beispiel führte beim Betroffenen zu prägenden Überzeugungen über die Welt. Er gewann den Eindruck, die Welt sei nicht für ihn, er gehöre nicht hierhin, wo doch nur Kummer auf ihn wartet. Aufgrund seiner unbewussten Erwartungen zeigt er für seinen Job, und nicht nur dort, wenig Engagement, insgeheim wartete er darauf, dass es ihn eines Tages erwischt.

Nun stellt sich die Frage, ob man derart weit zurückliegende Erlebnisse wie eine Geburt tatsächlich erinnern kann. Gedanklich ist eine solche Erinnerung natürlich nicht möglich. Schließlich waren die Worte, mit denen das Erlebnis beschrieben wird, zur Zeit der Geburt noch nicht verfügbar. Man kann davon ausgehen, dass die Beschreibungen dem Erleben später zugeordnet wurden. Aber das *Empfinden* von Stille und Kummer war sicherlich schon bei der Geburt vorhanden. Das Geschehen war zwar noch nicht formulierbar, aber spürbar.

Der Körper verfügt über ein eigenes Gedächtnis, über ein eigenes Bewusstsein. Übrigens verfügen sogar Einzeller über ein körperliches Empfinden. Sticht man beispielsweise mit der Spitze einer Pipette in die Zellwand einer Amöbe, zieht sich diese zusammen. Die Amöbe hat insofern Bewusstsein, als sie eine Gefahr erkennt und entsprechend darauf reagiert. Ihr Körper kann auf irgendeine Weise »beobachten« und reagieren, und das kann ein Fötus oder Embryo auch.

Frühkindliche Prägungen

Die Einflüsse der Umgebung auf den Fötus sind vielfältig. Körperlicher, seelischer, hormoneller Stress oder Unfälle der Mutter, ihr emotionaler Zustand, die Einnahme von Medikamenten, Drogen- oder Alkoholgebrauch, positive oder negative Erwartungen in Bezug auf das werdende Kind – all diese Umgebungsfaktoren können sich auf das Ungeborene auswirken. Der Körper reagiert darauf, indem er diesbezügliche Sensibilität entwickelt.

Eine Sensibilität zu haben bedeutet, dass sich eine körperlich verankerte Erwartung gebildet hat. Kinder, die vorgeburtlichen Stressfaktoren ausgesetzt waren, werden öfter von Angstzuständen, Neigungen zu Depression oder Aggression oder körperlichen Problemen heimgesucht, das ist durch entsprechende Untersuchungen nachgewiesen. Die Zeit vor, während und nach der Geburt kann demnach Lebenshaltungen prägen.

Noch entscheidender für die Haltung zur Welt sind aber die Ereignisse der ersten Lebensjahre. Man kann sich vorstellen, wie das Verhältnis von Kindern zur Welt geprägt wird, die Folgendes erleben:

Kinder, die in Jugendheimen, Pflegeeinrichtungen oder prekären Verhältnissen aufwachsen, fühlen sich leicht überflüssig und ungewollt. Bezeichnenderweise nimmt in den letzten Jahren die Zahl »gleichgültiger« Jugendlicher zu. Man nennt sie »No-Future-Kids«. Sie stehlen Autos, verüben Einbrüche oder begehen Gewalttaten. Ein Blick in die Kindheit dieser Jugendlichen zeigt, dass ihnen mit großer Gleichgültigkeit begegnet wurde. Die unausgesprochene Botschaft an jedes dieser Kinder lautet: »Du bist uns nicht viel wert, du bist unwichtig.«

Diese Botschaft ist angekommen. Denn diese Kinder vermitteln tatsächlich den Eindruck, ihnen sei »alles egal«. Sie setzen bedenkenlos ihre eigene Gesundheit und Zukunft in Straßenkämpfen und kriminellen Taten aufs Spiel. Besonders ausgeprägt kann man diese Gleichgültigkeit sich selbst und anderen gegenüber in den USA beobachten, aber auch hierzulande gewinnt das Phänomen sozialer und psychischer Verwahrlosung an Bedeutung. Will man die Haltung der Jugendlichen ändern, müssen die Erwachsenen ihnen mit glaubhaftem Interesse begegnen und dadurch die Botschaft senden: »Ihr seid wichtig, ihr seid etwas wert.« Dann kann sich ihr Verhältnis zur Welt positiv verändern.

Kinder, die in von Gewalt dominierten Familien leben müssen, haben es schwer in späteren Beziehungen, vor allem in Beziehungen zum Liebespartner. Sie können ihre Gefühle oft nur aggressiv ausdrücken, oder sie erdulden Gewalt vom Partner. Sowohl Gewalt als auch Unterordnung sind verschiedene Seiten der Medaille namens Hilflosigkeit.

Kinder, die bei von Alkoholsucht betroffenen Eltern aufwachsen, übernehmen nicht selten zu viel an Verantwortung. Sie werden kleine Erwachsene, die ihre kindlichen Bedürfnisse hintanstellen und versuchen, den schwachen Eltern zu helfen. Darüber hinaus leben sie unter ständiger Bedrohung, jederzeit kann ein betrunkener Elternteil die Kontrolle verlieren und seine Gefühle an dem Kind auslassen. Um der Bedrohung vorzubeugen, versuchen sie, die Stimmung in der Familie »zu lesen« und sich auf drohende

»Unwetter« einzustellen. Um mit ihrer Anspannung und Unsicherheit klarzukommen werden nicht wenige später selbst zu suchtkranken Erwachsenen.

Kinder, die zu wenig Zuwendung durch materielle und beruflich fixierte Eltern erfahren, leiden nicht selten unter Selbstwertproblemen, die sie durch Konsum und zur Schau getragene, scheinbare Selbstsicherheit zu kompensieren suchen. Sie sehnen sich nach der Anerkennung, der Bestätigung und Bewunderung durch andere, und bleibt diese aus, reagieren sie nicht selten wütend oder aggressiv.

Der Katalog nachteiliger Prägung durch schwierige soziale Verhältnisse ließe sich lange fortsetzen. Aber das ist nicht nötig. Denn jeder kann sich seinem Inneres Kind zuwenden und dessen Prägungen erkennen – und zwar anhand der Probleme, die er aufgrund seiner mitgebrachten Überzeugungen im Erwachsenenleben entstehen lässt.

Kapitel 4

Die Wahrheit über Wahrheiten

Beim Thema Inneres Kind dreht sich im Grunde also alles um Wahrheiten bzw. Überzeugungen. Andere Psychologen sprechen von Leitsätzen, nach denen man sein Handeln ausrichtet. Wie man es auch nennt, stets handelt es sich um *scheinbare* Wahrheiten, um scheinbare Überzeugungen. Wann erscheint uns etwas als wahr? Wenn kein Zweifel daran aufkommt. Und an den Wahrheiten/Überzeugungen des Inneren Kindes kommen (lange Zeit) keine Zweifel auf. Sie sind derart überzeugend, dass sie unabänderlich erscheinen. Man legt sich auf sie fest, man richtet sich nach ihnen und verhält sich entsprechend. Dabei handelt es sich nicht um Unfähigkeit, sondern um Lernergebnisse. Jeder Mensch hat viele Jahre gebraucht, um zu begreifen, wie das (sein) Leben ist und wie er darin zurechtkommen kann.

Ist das Leben leicht oder schwer? Ist es sanft oder hart? Ist es schön oder hässlich? Muss man darin kämpfen, muss man sich anstrengen, muss man die Ellbogen gebrauchen? Muss man die Zukunft planen, oder geht es darum, das Leben zu genießen, entspannt zu bleiben, den Menschen zu vertrauen und im Augenblick zu leben? Ja und nein. Das alles kann wahr und unwahr sein. Denn es gibt in diesem Kontext keine echten oder richtigen oder verallgemeinerbaren Wahrheiten.

Was immer jemand über das Leben glaubt: Es *kann* zutreffen. Genauso gut kann aber auch das glatte Gegenteil des Geglaubten zutreffen. Es kommt ganz darauf an. Worauf? Auf die Umstände, in die man gerät, auf die Möglichkeiten, die man entwickeln kann, auf die Menschen, auf die man trifft. Das Leben ist so und anders. Mal kommt es darauf an, zu kämpfen, ein anderes Mal geht es ums loslassen. Wer beispielsweise keinen Krieg erlebt hat, kann leichtfertig über die Leichtigkeit des Lebens schwadronieren. Wer keine schwere Krankheit durchlebt hat, kann ein oberflächliches Lied auf den Lebensgenuss singen. Das Leben kann ein Jammertal sein und ein Quell der Freude, es kann freundlich und feindlich sein, Menschen können lügen und die Wahrheit sagen, man sollte ihnen vertrauen und man sollte ihnen misstrauen. Jede irgendwann über das Leben gewonnene Überzeugung kann zutreffen – oder eben überhaupt nicht.

Der Punkt ist daher nicht, ob eine Überzeugung wahr oder unwahr ist. Der Punkt ist, dass eine Überzeugung *immer wirksam* ist, dass sie sich immer auswirkt. Denn jede Überzeugung führt zu bestimmten Handlungen, die bestimmte Folgen nach sich ziehen. Die Frage ist allein, wie man mit den jeweiligen Folgen klarkommt.

Wenn sich die heutigen, unerwünschten Folgen mit denen von damals decken, wenn man ähnliche Lebenserfahrungen macht wie in der Kindheit, dann hat man sein Leben auf Schienen gebracht, die in der Vergangenheit gelegt wurden.

Sich dem Inneren Kind zuwenden

Wenn alles wahr ist und zugleich unwahr sein kann, wenn es keine absoluten Wahrheiten gibt und kein eindeutig richtiges oder falsches Verhalten, wann ist dann der richtige Zeitpunkt, sich mit dem Inneren Kind zu befassen?

Der Zeitpunkt, an dem ein bewusster Umgang mit dem Thema Inneres Kind angeraten ist, lässt sich ganz einfach bestimmen: *Wenn es ein Problem gibt.* Ein Problem, das mit den herkömmlichen Mitteln, den mitgebrachten Wahrheiten, den gewonnenen Überzeugungen und den gewohnten Verhaltensanweisungen nicht zu lösen ist.

Im Lauf dieses Buchs begegnen Ihnen zahlreiche solcher Probleme. Beispielsweise

- wird jemand von Sehnsüchten gequält, die zu stillen ihm nicht möglich ist;
- gerät jemand in emotionale Zustände, die er nicht steuern kann;
- erlebt jemand in seiner Partnerschaft wiederkehrende Konflikte;
- traut sich jemand nicht, sein Leben zu leben, seinen Sehnsüchten zu folgen;
- gerät jemand durch Schicksalsschläge in scheinbar ausweglose Situationen;
- stellt jemand fest, schlecht mit sich und seinen Bedürfnissen umzugehen;
- leidet jemand unter mangelndem Selbstbewusstsein und mangelnder Selbstliebe;
- bekommt jemand wiederholt vergleichbare Konflikte mit Menschen;
- stellt sich jemand quälende Sinnfragen, etc.

Der beste Anlass, sich mit dem Inneren Kind zu befassen, ergibt sich aus der Erkenntnis, zum wiederholten Mal vor demselben Problem zu stehen oder immer wieder in dieselbe Sackgasse zu geraten. Dann dämmert die Gewissheit, dass man selbst an der Reproduktion der sich wiederholenden Lebenserfahrung beteiligt sein wird.

Aus dieser Betroffenheit ergibt sich die Bereitschaft, sich konkret mit den Überzeugungen zu befassen, mit den Verhaltenskonsequenzen, mit den Wahrnehmungsstrukturen, die hier als Inneres Kind bezeichnet werden. Darum – um den konkreten Umgang mit dem Inneren Kind – geht es im Folgenden. Zuerst werde ich den theoretischen Rahmen zum Umgang mit dem Thema setzen, damit ein entsprechendes Verständnis entsteht. Danach geht es an die Praxis.

Teil II

Der Umgang mit dem Inneren Kind in der Theorie

Das Ziel beim Umgang mit dem Inneren Kind besteht darin, die Möglichkeiten zu erweitern, die einem für den Umgang mit sich, den Menschen und der Welt zur Verfügung stehen. Es geht darum, bestimmte problemschaffende Einschränkungen, die in der Kindheit entstanden sind, aufzuheben. Genauer betrachtet geht es darum,

• denken zu können, was damals undenkbar schien;
• fühlen zu dürfen, was zu fühlen damals besser vermieden wurde;
• sich zu trauen, das zu tun, was damals besser unterlassen wurde.

Damit diese Erweiterung möglich wird, muss am Verarbeitungsprozess der Psyche angesetzt werden. In der Psyche werden, wie beschrieben, Wahrnehmungen (also Hirnereignisse) so gedeutet, dass man zu sinnhaften Überzeugungen und daraus resultierenden Verhaltensanweisungen gelangt. Am psychischen Verarbeitungsprozess anzusetzen bedeutet nun im Kern, damals entstandene Deutungen durch heute weitaus sinnvollere zu ersetzen. Das ist eine anspruchsvolle Aufgabe, der die Psyche aber durchaus zugeneigt ist. Schließlich leidet sie unter den inneren Spannungen, die zwischen Verstandes- und Gefühlswelten aufbrechen.

Kapitel 5

Psychische Automatismen

Um zu verstehen, wie man nachteilige oder überkommene Deutungen durch sinnvolle bzw. der neuen Situation angemessene ersetzt, muss man sich vor Augen halten, dass die Psyche in der Lage ist, Hirnereignisse blitzschnell und vor allem *automatisch* zu verarbeiten. Automatisch meint hier ohne das Zutun des Bewusstseins. Es hat Jahre gedauert, all die komplexen Deutungsstrukturen aufzubauen und zu automatisieren, die nötig sind, um sich in der so komplexen Welt zu orientieren. Buchstäblich *alles* musste psychisch erfasst und begriffen werden: Was bedeuten Farben, Gerüche, Gegenstände? Was bedeuten die Reaktionen der anderen, ihre Gesichtsausdrücke, ihre Gesten, wie ist ihr Verhalten zu deuten? Wie sind die sozialen Regeln verfasst? Und wie kann man auf all das reagieren, um in der Welt klarzukommen?

Dieser Lernprozess, in dessen Verlauf unzählige Bedeutungen generiert wurden, umfasst sowohl profane Dinge als auch komplizierte zwischenmenschliche Beziehungen. Wenn man beispielsweise eine Tür aufschließt, muss man eine Menge wissen: was eine Tür ist, was ein Schlüssel, in welche Richtung sich ein Schloss aufschließen lässt, ob man an der Tür drücken oder ziehen muss und viele weitere Kleinigkeiten mehr. All das weiß und tut man, ohne darüber nachzudenken. Müsste man beispielsweise beim Autofahren ständig darüber nachdenken, wann und wie man Gas gibt, kuppelt oder bremst, käme man nicht weit. Wüsste man nicht, mit welchen Reaktionen der Eltern man in diesem oder jenem Zusammenhang rechnen darf, wie man beispielsweise ihre Zuwendung erreicht oder ihren Zorn vermeidet, käme man mit ihnen nicht klar. Aber man weiß das, man hat gelernt, es entsprechend zu deuten.

Die Psyche ist sozusagen eine perfekt und automatisch funktionierende Deutungsmaschine.

In dieser Deutungsmaschine laufen die drei Schritte Deutung-Überzeugung-Verhalten so schnell ab, dass es wie ein einziger Vorgang erscheint. Man sieht eine Giftschlange, man ist von einer Gefahr überzeugt, man erschrickt und springt zurück – all das in Bruchteilen von Sekunden. Man sieht seinen Partner in den Armen eines anderen, man ist von einem Betrug überzeugt, man wird wütend oder traurig oder ist zutiefst verletzt und tut womöglich irgendetwas Unüberlegtes. All diese Reaktionen erfolgen blitzschnell und sind geschehen, bevor das Bewusstsein eingreifen kann.

Um sich nun anders als gewohnt verhalten zu können, muss in diesen Automatismus psychischer Abläufe eingegriffen werden; und dieser Eingriff muss sehr früh, nämlich bereits bei der Deutung, ansetzen. Denn nur wenn eine veränderte Deutung des Wahrgenommenen vorgenommen wird, sind andere Überzeugungen und Verhaltensweisen und damit andere Erfahrungen möglich.

Kapitel 6

Neudeutung mittels Bewusstheit

Kurz gesagt, es geht beim Umgang mit dem Inneren Kind um Neudeutungen: von Vorgängen und Situationen, von Aussagen oder dem Verhalten anderer Menschen, von eigenen Gefühlen, Empfindungen, Bedürfnissen und vielem anderen mehr.

Wodurch wird eine solche Neudeutung von Ereignissen ermöglicht? Ein Kind kann sie nicht willentlich herbeiführen. Denn es ist weit mehr von Gefühlen bestimmt als vom Verstand. Einem Erwachsenen allerdings ist eine Neudeutung möglich, denn er kann sich einen Überblick über die Abläufe und Ereignisse verschaffen. Ein Erwachsener verfügt über eine viel ausgeprägtere *Bewusstheit* als ein Kind. Diese Bewusstheit ermöglicht es, bisherige Deutungen zu erkennen und infrage zu stellen.

Bewusstheit versetzt uns in die Lage, den Verarbeitungsprozess von Wahrnehmungen anzuhalten, bevor eine gewohnte Deutung in Gang kommt, oder sie zu korrigieren, wenn sie bereits erfolgt ist. Man kann sich sagen: »Halt. Moment mal. Was bedeutet das, was hier passiert, was ich gerade höre, sehe oder spüre? Bedeutet es tatsächlich X oder vielleicht doch Y oder sogar Z?«

Wer nun aber meint, der Schlüssel der Bewusstheit könne jederzeit willkürlich eingesetzt werden, einfach indem man sich vornimmt, bewusst zu deuten und zu handeln, der irrt. Bewusstheit steht nicht jederzeit zur Verfügung, schließlich erfordert sie eine große psychische Anstrengung. Etwas Neues zu lernen, beispielsweise eine Fremdsprache, erfordert eine hohe und bewusste Konzentration. Etwas lange Eingespieltes »neu« bzw. »anders« zu lernen erfordert sogar noch mehr psychischen Kraftaufwand. Für eine neue Sprache braucht man Zeit und viel Übung; bei einer Sprache, die man falsch gelernt hat, umzulernen ist noch schwieriger. Auf den Alltag übertragen heißt das: Auf den Partner bei jeder enttäuschten Erwartung sauer zu sein, diese Reaktion setzt von alleine ein. Die Motive des Partners zu verstehen und die eigenen emotionalen Reaktionen zu erforschen und zu verändern, das erfordert Aufmerksamkeit, Gespräche und Zuwendung.

Bewusstheit ist eine derart große Anstrengung für das Gehirn, dass die Psyche sie möglichst vermeidet. Daher kann man sich keine psychische Inspektion vornehmen, im Sinne von »Heute sortiere ich meine Deutungen neu« oder »Heute zeige ich meinem Inneren Kind, wie die Welt wirklich ist.« Da wüsste man nicht, wo anfangen und wo aufhören. Worauf sollte man das Bewusstsein lenken?

Man kann Bewusstheit auch nicht in Seminaren lernen, nach dem Motto: »Ab jetzt lebe ich ein bewussteres Leben.« Sobald die fordernde und unterstützende Umgebung eines solchen Seminars und die darin gemeinsam erzeugte Fokussierung auf Teilaspekte wegfällt, also spätestens, wenn das Seminar endet, kehren die meisten Deutungs- und Verhaltensmuster augenblicklich zurück.

Ganz und gar unmöglich ist es, sich *seiner selbst* bewusst zu sein, etwa nach dem Motto: »Erkenne dich selbst.« Das Selbst ist viel zu komplex, um es auf einmal in den Blick nehmen zu können, zudem verändert es sich ständig. Welche seiner zahllosen Anteile gerade aktiviert werden – Freundlichkeit, Aggression, Gleichgültigkeit, Abwendung, Zuwendung, Hilfsbereitschaft und einige Hundert mehr – und welches der zahlreichen Ichs, die das Selbst bevölkern, aufgerufen wird, das hängt von den jeweiligen Umständen ab, von den konkreten Situationen und den beteiligten Menschen. Man kann daher stets nur Teilaspekte seines Selbst anschauen und erkennen.

Wenn Bewusstheit derart aufwendig ist und nicht willkürlich zur Verfügung steht, wie kann es dann zu bewussten Handlungen kommen? Nun, eine bewusste Hinwendung zu ihren Verarbeitungsprozessen erscheint der Psyche nur dann nötig, *wenn gewohnte Abläufe/Verhaltensweisen nicht mehr funktionieren*. Wenn etwas, das bisher klappte, nicht mehr klappt. Wenn Handlungen, die bisher Sinn ergaben, keinen Sinn mehr ergeben. Mit anderen Worten: wenn man vor einem Problem steht.

Wer etwas ändern will, braucht ein Problem

Jeder benutzt täglich sein Badezimmer, um sich eine warme Dusche zu gönnen. Woher kommt das warme Wasser? Wie wird es produziert? Wie transportiert? Darüber denkt man erst nach, wenn unerwartet kaltes Wasser aus der Leitung kommt. Erst dann macht man sich die dem Alltagsbewusstsein verborgenen Zusammenhänge zwischen Wasserhähnen und Leitungen und Heizungskessel *bewusst*. Und erst dann macht man sich die Mühe, festzustellen, wo das Problem genau liegen und wie es gelöst oder bewältigt werden könnte.

Dieses einfache Beispiel führt übertragen zu einer für viele Menschen verblüffenden Schlussfolgerung: Wer etwas an seiner Lebenshaltung verändern will, braucht dazu ein Problem.[4] Das gilt auch für zwischenmenschliche Belange: Jemand mag sich als Kind durch Drohgehabe einen Vorteil gegenüber anderen Kindern verschafft haben. Als Erwachsener wird er ein Problem mit seinem dominanten Verhalten bekommen. Aber erst wenn dieses Problem groß genug erscheint, beispielsweise wenn sich Freunde abwenden und er sich isoliert fühlt, wird er sich *bewusst* mit seinem Verhalten befassen. Erst dann wird er seine Überzeugungen (»Man muss sich durchboxen«) infrage stellen und seine Wahrheiten (»Jeder ist sich selbst der Nächste«) überprüfen. Und wem es als Kind gelang, mit Wutausbrüchen oder Jammerattacken den Eltern gegenüber seinen Willen durchzusetzen, der wird als Erwachsener in einer Paarbeziehung ein Problem bekommen. Spätestens nach der dritten Trennung wird ihm klar werden, dass er sich mit den psychischen Vorgängen befassen muss, die seinem Verhalten zugrunde liegen. Damit er sich damit befassen kann, muss er sich beispielsweise *bewusst* machen, dass er nach der folgenden Überzeugung verfährt: »Wenn sie mich liebt, tut sie, was ich mir wünsche.« Ganz so wie früher bei den Eltern. Nur dass die Partnerin nicht wie gewünscht/erwartet reagiert.

Verlangsamung und Abstand

Bewusstheit hat zwei grundlegende Wirkmechanismen: die *Verlangsamung* und den *Abstand*. Was man bewusst tut, das kann man nur langsam tun, und während man es tut, muss man sich anschauen, was man tut. Erst Verlangsamung und

Distanz ermöglichen bewusste Eingriffe in die Deutungsabläufe der Psyche. Wenn man es schafft, diese Wirkmechanismen auf sich selbst anzuwenden, dann kann man Entdeckungen bezüglich der eigenen Wahrnehmungsstrukturen machen. Wem weder Verlangsamung noch Abstand zu sich selbst gelingt, der kann sich eine Brücke bauen, indem er beispielsweise mit Freunden spricht, sich für eine Beratung durch Dritte entscheidet oder eine Therapie in Anspruch nimmt. Diese dritten Personen sorgen dann für die nötige Verlangsamung und den nötigen Abstand, beispielsweise indem sie Fragen stellen. So könnte ein Freund, dem man sein Leid mit der Angebeteten klagt, die sich zurückgezogen hat, fragen: »Was glaubst du denn, was ihr Motiv ist?« Das Nachdenken darüber führt zu einer Verlangsamung und zur nötigen Distanz, um sein eigenes Verhalten ins Visier nehmen zu können. Durch diesen Prozess kann man bisherige Deutungen erkennen und neue entwickeln. Gelingt es schließlich, durch diese Bewusstwerdung eine Neudeutung herbeizuführen, dann schreibt man sozusagen seine persönliche Geschichte neu.

Kapitel 7

Die persönliche Geschichte neu schreiben

Seine persönliche Geschichte um- oder neu zu schreiben, das klingt komplizierter, als es ist. Jeder tut das im Lauf seines Lebens in kleinem oder größerem Umfang. Wenn jemand beispielsweise sagt: »Früher habe ich geglaubt, dass man seine Ellbogen gebrauchen muss, um etwas zu erreichen; heute weiß ich, dass Netzwerken viel effektiver ist«, dann hat eine Umdeutung stattgefunden. Und wenn jemand sagt: »Anfangs habe ich geglaubt, alle Asylbewerber seien Wirtschaftsflüchtlinge, heute weiß ich, dass viele unter politischer Verfolgung leiden«, dann hat er soziale Vorgänge neu gedeutet.

Insofern ist eine Neu- beziehungsweise Umdeutung ein ganz alltäglicher Vorgang. Er wird ausgelöst durch eigene Erkenntnisse, wir können aber auch durch Filme, Bücher, Gespräche oder durch Beratung und Psychotherapie Anregungen für Neudeutungen erhalten. Gerade Letztere sind gute Beispiele dafür, dass Neudeutungen möglich werden, wenn man sich *bewusst* mit seiner persönlichen Geschichte befasst. Wie im folgenden Beispiel:

Ein Klient hat im Alter von vier Jahren erlebt, dass er seine Mutter lange Zeit zwar sehen, aber nicht in körperlichen Kontakt mit ihr kommen konnte. Seine Mutter litt an einer infektiösen Krankheit, der Junge sah sie im Krankenhaus nur durch eine Scheibe hindurch. Die Deutung des Kindes lautete: »Mutter will mich nicht haben.« Das Verhalten des späteren Mannes Frauen gegenüber war sehr zwiespältig. Einerseits empfand er eine große Sehnsucht nach Nähe, gleichzeitig empfand er große Angst vor Abweisung.

Nachdem er seine Erlebnisse im Rahmen einer Therapie bearbeitet hatte, sprach er mit seiner inzwischen hochbetagten Mutter über die Zeit in der Klinik. Er erfuhr, wie schwer es für sie gewesen war, ihr Kind nicht in den Arm nehmen zu können. Sie sagte: »Alle haben gesagt, es wäre besser, dich zu Hause zu lassen, aber ich habe es nicht übers Herz gebracht, dich nicht zu sehen.« An den Tränen in den Augen seiner alten Mutter erkannte der Mann, wie sehr sie heute, Jahrzehnte später, noch vom Schmerz der damaligen Trennung berührt war. Dadurch konnte er eine Neudeutung vornehmen. Er wusste nun: »Mutter wollte mich, sie hat mich geliebt.« Diese Erkenntnis veränderte seine Gefühle nicht nur der Mutter gegenüber; sie ermöglichte ihm auch eine größere Nähe zu Frauen allgemein und wirkte sich positiv auf sein Verhältnis zu sich selbst aus. Der Mann hat durch die Neudeutung vergangener Erlebnisse seine *persönliche Geschichte umgeschrieben.*

Neudeutung meint, etwas, das geschehen ist, in einem anderen Licht zu sehen. Das wird möglich, wenn aufgrund von Verlangsamung und Abstand neue, bisher unberücksichtigte Informationen einbezogen werden. Informationen, die übersehen wurden oder die unbekannt waren.

Natürlich schüttelt niemand eine Neudeutung aus dem Ärmel. Sie braucht ihre Zeit und die dem Thema angemessene Portion von Aufmerksamkeit. Dann jedoch ist sie sowohl in Bezug auf vergangene, in der Kindheit liegende als auch auf gegenwärtige, zum aktuellen Leben des Erwachsenen gehörende Ereignisse möglich. So kann beispielsweise eine Entlassung aus der Arbeit die Chance zu einem Neuanfang bieten. Trotzdem wird sie in den meisten Fällen zunächst Angst und Unsicherheit auslösen, weil sie emotional als Gefahr und nicht als Chance gedeutet wird. Erst später, wenn sich etwas Neues ergeben hat, wird jemand womöglich sagen, dass ihm kaum etwas Besseres hätte passieren können als diese Kündigung.

Auch das plötzliche Ende einer Partnerschaft wird fast immer von Angst oder Panik begleitet. Erst später wird jemand sagen können, was eine meiner Klientinnen so formulierte:»Nachdem für mich der Traum einer glücklichen und normalen Familie zerbrochen war, mit der Trennung von meinem Mann, kann ich heute – drei Jahre später – sagen, es hätte mir für meine persönliche Weiterentwicklung und das Finden meiner Lebensziele und Stärken nichts Besseres passieren können. Heute bin ich über die Entwicklung von damals froh und kann so leben, wie ich bin, und nicht gefangen in einer frustrierenden Beziehung.«

In diesem Fall ist die Neudeutung der Trennung perfekt gelungen, aber der Vorgang hat seine Zeit gebraucht. Die persönliche Geschichte ist insofern umgeschrieben, als die Frau in Bezug auf die Trennung jetzt eine positive Geschichte erzählt, während diese drei Jahre zuvor noch eine negative Erzählung war.

Neudeutung auf drei Ebenen

Eine Neudeutung ist natürlich nicht auf den Verstand begrenzt. Ansonsten wäre sie relativ schnell durchzuführen. Die Deutungen des Inneren Kindes sind aber – wie schon beschrieben – nicht allein vom Verstand gesteuert, sondern im Gegenteil vorwiegend emotional und körperlich begründet. Eine umfassende Umdeutung durch alle drei Empfindungsebenen erfordert es daher, auch Gefühle und den Körper mit in die Neubewertung einzubeziehen.

Wenn jemand beispielsweise die Überzeugung gewonnen hat, zu weinen sei lächerlich, dann kann er (bei Freunden oder in einem Selbsterfahrungsseminar) die Erfahrung machen, für diesen Gefühlsausdruck angenommen und gemocht zu werden. Andere nehmen ihn in den Arm, fühlen mit ihm mit. Fortan wird er sich selbst nicht mehr für seine Tränen ablehnen, sondern diese besser annehmen können. Es ist zu einer Umdeutung auf der emotionalen Ebene gekommen.

Auch auf körperlicher Ebene kann es zu Neudeutungen kommen, was nicht immer freiwillig, sondern manchmal mithilfe unfreiwillig selbst geschaffener Umstände geschieht. Wie in folgendem Beispiel:

Herr Meyer steht ständig unter körperlicher Anspannung, weil er stets nach dem Motto handelt: »Erst die Arbeit, dann das Vergnügen.« Da die Arbeit nie abreißt, kommt es selten zur Entspannung. Herr Meyer ist meist gehetzt und zieht sich immer wieder körperliche Beschwerden zu. Er stolpert, rutscht aus, zieht sich eine Zerrung zu, bricht sich den Arm oder das Bein. Diese selbst verschuldeten Umstände zwingen ihn nun zu einer Zwangspause, zu einer

Verlangsamung, wodurch er entspannter wird. Herr Meyer lernt loszulassen.

Eine Krankheit oder ein Unfall können auf diese Weise zu Verhaltensänderungen führen, und hinter diesem neuen Verhalten stehen dann auch andere Überzeugungen, etwa die, dass Vergnügen genauso wichtig ist wie Arbeit. Diese Umdeutung wurde erst aufgrund einer körperlichen Erfahrung möglich.

Eine Um- oder Neudeutung ist mehr oder weniger aufwendig, je nachdem, ob sie den Verstand, die Gefühle oder den Körper betrifft. Solche Neudeutungen können unter anderem befördert werden, wenn man sich beispielsweise in eine Therapie oder Selbsterfahrung begibt. Dort kann man Situationen aus seiner Kindheit wieder erleben und die Tragweite emotionaler und körperlicher Konditionierungen erfassen. Dann begreift man im Wortsinn, wie man aufgrund damaliger Umstände zu bestimmten Wahrheiten gekommen ist und es fällt leichter, sich auf neue emotionale und körperliche Erfahrungen einzulassen.

Das Innere Kind ist heute!

Die Frage ist allerdings, ob man in die Vergangenheit zurückkehren muss, ob man unbedingt Situationen der Kindheit aufsuchen und wieder erleben muss, um zu Neudeutungen zu gelangen. Die klare Antwort lautet: Nein! Das ist keinesfalls zwingend erforderlich. Man kann ebenso auf der Erwachsenenebene bleiben und sich dort den zu bewältigenden Problemen zuwenden. Denn was von damals heute noch eine Rolle spielt, kann auch in der Gegenwart behan-

delt werden. Man muss nicht in die Vergangenheit zurück-
gehen, man muss sich nicht fragen, *woher* bestimmte Überzeugungen stammen, um mit ihnen umzugehen.

Wenn man beispielsweise früher die Überzeugung gewonnen hat, man dürfe nicht sagen, was man denkt, und
wenn diese Überzeugung heute noch im Kontakt zum Partner oder zu Kollegen wirksam ist, dann kann man heute bei
ihr ansetzen und sie auflösen.

Man kann seine persönliche Geschichte umschreiben,
indem man im Heute bleibt und sich mit der gegenwärtigen Haltung befasst, die man den eigenen Gedanken, Gefühlen und dem eigenen Körper gegenüber einnimmt.
Indem man sich mit dem Inneren Kind befasst. Sich mit
dem Inneren Kind zu befassen stellt nicht automatisch eine
Reise in die Vergangenheit dar. Man kann es in seinem heutigen Leben kontaktieren.

Kapitel 8

Die drei Figuren zur Arbeit mit dem Inneren Kind

Was nötig ist, um sich von den Schatten der Vergangenheit, von nachteiligen Überzeugungen und Verhaltensweisen zu lösen, habe ich bereits beschrieben: Neudeutungen beziehungsweise Umdeutungen. Die Frage ist nun, *wie* man so etwas bewerkstelligen und zu neuen Wahrheiten finden kann.

Das geschieht, indem man sich mit den Kräften befasst, die an der Entstehung des Inneren Kindes, seiner Wahrnehmung und seinen Überzeugungen beteiligt waren. Bei diesen Kräften handelt es sich um den Körper und das Gefühl auf der einen und den Verstand auf der anderen Seite.

In den ersten Lebensjahren – den in vieler Hinsicht entscheidenden – ist ein Kind fast vollständig mit seinem Körper beziehungsweise seinen Gefühlen identifiziert. Seine Welt besteht aus Spüren und Fühlen. Man kann sagen: das Kind *ist* Körper, es *ist* Gefühl. Sein Verstand entwickelt sich erst im Lauf der Jahre. Anfangs wird er von den Erwachsenen, den Eltern, repräsentiert. Deren Fähigkeit besteht vorwiegend darin, zu denken. Man kann sagen, die Erwachsenen *sind* Verstand.

Gefühl und Verstand stehen einander in den ersten Lebensjahren gegenüber, in Form des Kindes auf der einen und seiner Eltern und seiner Umgebung auf der anderen Seite. Zu den Erwachsenen gehören unter anderem Schlussfolgerungen, Verallgemeinerungen, Verhaltensvorschriften, moralische Vorstellungen, Zukunftsplanungen und anderes mehr. Erst im Lauf der Jahre verinnerlicht das Kind nach und nach die anfangs durch das Außen repräsentierten Verstandeskräfte, indem es versteht, wie seine Umgebung funktioniert.

Ist der Mensch erwachsen, trägt er zwei wesentliche, prägende Teile in sich. Den Körper/das Gefühl auf der einen und den Verstand auf der anderen Seite. Er bildet sozusagen den Gegensatz zwischen Gefühl/Körper und Verstand, den er als Kind erfahren hat, in seiner inneren Welt ab. Diese beiden psychischen Anteile lassen sich mit den Begriffen *Inneres Kind* und *Innerer Erwachsener* bezeichnen. Mit diesen Teilen, Kräften, Fähigkeiten oder wie immer man sie bezeichnen will, gilt es daher beim Thema Inneres Kind umzugehen.

Da stellt sich sofort die Frage, *wer* mit diesen beiden Teilen umgehen möchte und zu welchem Zweck. Es muss einen weiteren Teil geben, dem aufgefallen ist, dass es zu bestimmten Problemen gekommen ist, der bemerkt, dass sich der Umgang von Gefühl und Verstand miteinander nicht optimal gestaltet und es zukünftig einer Veränderung der Lebenshaltung bedarf.

Dieser dritte Teil ist uns schon begegnet, es ist die Möglichkeit des Menschen, sich seiner Motive und Handlungen *bewusst* zu sein. Es ist die Fähigkeit des Menschen, sich und seine Umgebung aus einer gewissen Distanz heraus zu beobachten.

Um den hinderlichen Einfluss der Vergangenheit aufzulösen, gilt es nun, mit den Teilen, die beim Thema Inneres Kind die wesentlichen Rollen spielen, umzugehen. Diese Teile sind Gefühl, Verstand und Bewusstheit.

Doch wie geht man mit psychischen Anteilen, mit Teilen der Psyche um? Man kann sich nicht »den« Gefühlen und »dem« Verstand als Ganzem zuwenden, man kann nicht mit allen Gefühlen gleichzeitig, nicht mit allen Gedanken auf einmal umgehen, alles gleichzeitig im Blick haben. Man kann seine Bewusstheit nie auf die gesamte Psyche, sondern immer nur auf umrissene, konkrete Ausschnitte der Gefühls- oder Verstandeswelt lenken. Aber welche Ausschnitte sollte man beleuchten?

Konkrete Ausschnitte der Innenwelt, bei denen sich eine bewusste Zuwendung lohnt, werden – ich habe es bereits erwähnt – durch Probleme markiert.

Stellen Sie sich vor, in einem Bereich der Psyche, der ansonsten im Dunkeln liegt, würde eine Warnlampe angehen, die auf ein Problem hinweist. Dort »knirscht« es. Dorthin, zu diesem Punkt kann man seine Bewusstheit lenken, um die damit verbundenen Gefühle und Gedanken zu betrachten.

Wenn jemand beispielsweise sagt, er würde gern selbstbewusster sein, so kann weder er noch ein Berater etwas mit dieser allgemeinen Aussage anfangen, weil sie zwar eine Absicht andeutet, aber kein Problem markiert. Das Problem muss benannt werden, es muss konkret beschrieben werden, ansonsten kann man es nicht »anfassen«.

Ein Berater würde nun fragen: »Woran würden Sie erkennen, dass Sie selbstbewusster sind?« Oder: »In welchen Bereichen oder wem gegenüber würden Sie gern selbstbewusster sein?« Oder: »Wo taucht das Problem auf?«

Aus der jeweiligen Antwort würden sich konkrete Anhaltspunkte ergeben, wo das Problem liegt, welches Verhalten sich darin zeigt und welche Überzeugungen sich dahinter verbergen.

Nehmen wir an, die Antwort lautet: »Ich möchte meinem Partner sagen, dass ich allein in Urlaub fahren möchte.« Jetzt ist die Sache konkret und man kann betrachten, wie das Gefühl zu dieser Absicht steht, was der Verstand davon hält und was der Bewusstheit zum Verhältnis, das Gefühl und Verstand zueinander haben, auffällt.

Das *Gefühl* sagt: »Ich habe Angst, meinem Partner wehzutun.«

Der *Verstand* sagt: »Man muss ehrlich sein, also sag es ihm, du brauchst keine Angst zu haben.«

Der *Bewusstheit* fällt auf: »Du gehst nicht gut mit dem Gefühl um.«

Man sieht: Wenn man die am Problem, am inneren Konflikt beteiligten Teile mit Gefühl, Verstand und Bewusstheit benennt, kann man sie gezielt ansprechen. Hierin besteht das »Geheimnis« beim Umgang mit psychischen Teilen: Man muss ihnen Namen geben und ihr Verhalten und ihre Motive beschreiben. Durch Namen und Beschreibungen werden sie zu »Figuren«.

Kind, Erwachsener und Weise Gestalt

Wofür steht eine solche Figur? Eine Figur repräsentiert einen bestimmten Anteil der Persönlichkeit eines Menschen, einen spezifischen Ausschnitt seines Selbst. Dieser Anteil äußert sich in dem Verhalten, das in bestimmten Situationen gezeigt wird; und aus diesem Verhalten und Erleben bezieht eine Figur ihren Namen und ihre Beschreibung.

Wenn man eine spezifische Situation und das darin gezeigte Verhalten benennt, kann man beispielsweise sagen, in bestimmen Situationen sei jemand dem Chef gegenüber ein »Heuchler«, während er in seinen privaten Freundschaften ein »Aufschneider« sei und gegenüber seiner Frau ein »Angepasster«. Wie gesagt, gelten solche Figuren nur in Bezug auf ein abgegrenztes Problem oder die beschriebene, definierte Situation. Sie bezeichnen nie alle Gefühle und alle Gedanken eines Menschen, sie können niemals die ganze Person repräsentieren. Das müssen sie auch nicht, denn gerade wenn Figuren auf ein Problem bezogen bleiben, kann man sehr viel mit ihnen anfangen. Dazu gleich mehr.

Betrachten wir zunächst noch einmal das letztgenannte Beispiel zum Thema Selbstbewusstsein. Konkret ging es dem Mann darum, seiner Partnerin zu sagen, er wolle allein in den Urlaub fahren. Um herauszufinden, was ihn daran hindert, weist man nun Körper/Gefühl, Verstand und Bewusstheit die Figuren Kind, Erwachsener und Weise Gestalt zu:

Das Kind. Es sagt, es habe Angst, dem Partner wehzutun. Sein Verhalten besteht darin, zu schweigen. Man kann es das »verschlossene Kind« nennen. Welche Überzeugung erfordert es, zu schweigen und nicht zu sagen, was einem auf dem Herzen liegt? Die Überzeugung lautet: »Wenn ich meinem Partner wehtue, wird er mich nicht mehr lieben oder weniger lieben oder im Extremfall verlassen.«
Der Erwachsene. Er belehrt das Kind, indem er ihm sagt, es müsse ehrlich sein. Zudem sagt er ihm, es bräuchte keine Angst zu haben. Nun ist es ziemlich ignorant, einem Kind, das Angst *hat*, zu sagen, es müsse keine Angst haben. Das Verhalten des Erwachsenen ist verständnislos und fordernd,

man kann ihn den »fordernden Erwachsenen« nennen. Die Überzeugung, die ihn zu diesem Verhalten verleitet, lautet: »Die Wahrheit ist wichtiger als die Beziehung. Koste es, was es wolle.«

Die Weise Gestalt. Diese Figur beobachtet. Dem bewussten Teil fällt auf, dass der Erwachsene sich nicht auf die Gefühle des Kindes bezieht, diese ignoriert und rücksichtsloses Verhalten fordert. Daher sagt sie, der Erwachsene ginge nicht gut mit dem Kind um.

Vielleicht fällt Ihnen auf, dass es allein dadurch, dass man Kind und Erwachsenem jeweils einen *konkreten* Namen verleiht – »das *verschlossene* Kind« versus »der *fordernde* Erwachsene« –, möglich wird, diese psychischen Anteile anzusprechen und ihnen Fragen zu stellen. Die Antworten erhält man dann exakt von den Persönlichkeitsanteilen, die am beschriebenen Problem beteiligt sind. Würde man jemanden unbestimmt fragen: »Was fühlen/denken SIE ...«, bekäme man unklare oder falsche Auskünfte, weil man dann nicht die am Problem beteiligten Teile anspricht, sondern irgendein Alltags-Ich.

Beim Umgang mit dem Thema Inneres Kind ist es also sehr wichtig, den Problembeteiligten eigene Namen zu geben, ansonsten kann man sie nicht von allen übrigen psychischen Anteilen unterscheiden. Dadurch, dass man einem eingegrenzten Gefühlszustand oder Gedankengang einen Namen gibt und ihn beschreibt, stellt man einen Abstand zum Geschehen her. Der Betreffende verschwindet nicht in Gefühlen oder Gedanken, sondern schaut sie sich an und begreift, was und wieso er fühlt, wie er fühlt und denkt, was er denkt.

Noch ein paar Worte zu Figuren und warum sie so hilfreich beim Umgang mit psychischen Inhalten sind. Die

Psyche ist wie gesagt ein Instrument zur Organisation von Gehirnereignissen, also von unstrukturierten Wahrnehmungen, beispielsweise von Tönen, Farben, Temperaturen, Gerüchen, Berührungen etc. Sie stellt ein stark bevölkertes Gebiet dar, weshalb man mit Recht davon sprechen kann, nicht eine, sondern viele Personen zu sein. Im Alltagsbewusstsein benennt man alle inneren Anteile mit dem Sammelbegriff »Ich«. Das ist wichtig, um den Eindruck aufrechtzuerhalten, eine ganze und keine zersplitterte Person zu sein. Aber eigentlich müsste man in einem Augenblick sagen »Ich, der Kämpfer« und im nächsten »Ich, der Versöhnliche«, und im nächsten »Ich, der Gierige« und im nächsten »Ich, der Zufriedene«, und »Ich, der Vernünftige« und »Ich, der Emotionale« etc.

Den psychischen Anteilen einen Namen und eine Beschreibung zu geben ist ein Trick, um mit den Inhalten der Psyche umgehen zu können. Um es theoretisch auszudrücken: Figuren repräsentieren psychische Subsysteme, also spezifische Wahrnehmungskontexte.

Weil eine Figur ihren Namen vom Verhalten erhält, kann über dieses Verhalten alles Dahinterliegende – Überzeugungen/Wahrheiten – erschlossen werden. Wenn man beispielsweise einen »Kämpfer« fragt, was er für wahr hält, wieso er glaubt, kämpfen zu müssen, und was er damit bezwecken möchte, kann er das klar sagen. Gleichgültig, was die übrigen Anteile der Psyche, die übrigen Figuren sagen. Eine Figur kann Auskunft über sich geben, und man kann daher in Kontakt mit ihr treten.

Am besten stellt man sich eine Figur wie eine Person vor, die in ein Geschehen eingreift. Die meisten sind »Kurzfristfiguren«, sie spielen nur vorübergehend mit. So kann man in einem Augenblick ein »Aggressiver« sein und im nächsten Moment ein »Friedlicher«. Manche Figuren sind allerdings »Langfristfiguren«, sie spielen über lange Zeiträume und Lebensabschnitte mit. Wenn sich jemand beispielsweise als »Schüchterner« bezeichnet, so wird er das in vielen Situationen und über längere Zeit hinweg sein. Solche Langfristfiguren haben entsprechend viel Einfluss auf das Leben. Inneres Kind und Innerer Erwachsener sowie die Weise Gestalt sind solche Langfristfiguren.

Halten wir fest: Der Umgang mit rational, körperlich und emotional an der Vergangenheit orientierten Zuständen wird durch die Figuren Inneres Kind, Innerer Erwachsener und Weise Gestalt ermöglicht. Doch damit ist noch nicht alles zu den Figuren gesagt. Es gibt sie nämlich in verschiedenen Erscheinungen. Lassen Sie mich die Figuren also um diese Aspekte ergänzen.

Helle und dunkle Seiten im Kontakt

Welche Ergänzungen zu den Figuren Inneres Kind, Innerer Erwachsener sowie Weise Gestalt nötig sind, möchte ich Ihnen an einem Beispiel illustrieren:

Herr Jacob erzählt, dass er seine geliebte Frau vor zwei Jahren bei einem Unfall verloren hat. Er sei sehr oft traurig und niedergeschlagen. Aber er meint auch, nach zwei Jahren wäre es wohl an der Zeit, seine Frau loszulassen und sich wieder dem Leben zuzuwenden. Er sagt: »Traurig zu sein bringt sie mir auch nicht zurück.« Und: »Das Leben geht schließlich weiter, ich sollte nach vorne schauen.« Er würde oft weinen, sich dann aber zusammenreißen. Aus diesem Hin und Her fände er keinen Ausweg.

Herr Jacob hat ganz offensichtlich ein massives Problem. Aus ihm sprechen zwei Seiten: sein Gefühl und sein Verstand. Warum ist das ein Problem? Weil er von beiden Seiten widersprüchliche Verhaltensanweisungen erhält. Das Gefühl ist traurig und will weinen, der Verstand meint, er solle sich zusammenreißen. Der Fall eignet sich gut, um den Umgang mit dem Inneren Kind zu erläutern.

Aufgefordert, seinen Gefühlen und Gedanken Namen zu verleihen, nennt Herr Jacob sein Gefühl »das todtraurige Kind« und seinen Verstand »den nach vorne blickenden Mann«. Damit sind zwei Figuren benannt. Um sie benennen zu können, musste Herr Jacob ganz nebenbei sowohl seine Gefühle als auch seine Gedanken betrachten, und ist so unbemerkt kurz in die Position der Weisen Gestalt, des Beobachters, geschlüpft.

Betrachten wir nun die Figuren Kind und Erwachsener näher, vor allem ihren Umgang miteinander. Stellen wir uns dazu vor, es würde sich bei dem Kontakt um ein echtes Kind und einen echten Erwachsenen handeln. Oder noch besser: Stellen Sie sich als Leser/In vor, Sie hätten real ein Kind, das traurig über den Verlust eines geliebten Menschen ist. Könnten Sie Ihrem Kind sagen, es solle nicht weinen, es solle sich zusammenreißen? Könnten Sie derart hartherzig sein? Wahrscheinlich nicht, aber manche Eltern bringen so etwas fertig. In diesem Fall werden sie zu »Dunklen Erwachsenen«; und das Kind wird zu einem »Dunklen Kind«.

Dunkler Erwachsener und Dunkles Kind

Der Begriff »dunkel« steht hier für »ungeliebt« beim Kind und für »lieblos« beim Erwachsenen. Ein Erwachsener, der einem todtraurigen Kind sagt, es solle nach vorne schauen, kann nicht für sich in Anspruch nehmen, in dieser Situation ein liebevoller Erwachsener zu sein. Ein liebevoller, »Heller« Erwachsener würde das Kind trösten, in den Arm nehmen, ihm vermitteln, dass es völlig in Ordnung ist, traurig zu sein, etc. Würde das Kind so behandelt, würde es zum »Hellen Kind«. Zu einem Kind, das sich geliebt fühlt, selbst wenn es traurig ist. Und mit der Zeit zu einem Kind, das wieder fröhlich sein kann, weil es seinen Schmerz nicht unterdrücken, sondern ausdrücken kann.

Warum also sagt Herr Jacob solch harte Dinge zu seinem Inneren Kind, zu seinen Gefühlen, zu sich? Weil er in seiner Kindheit die Anforderungen seiner Umgebung verinnerlicht hat. Weil er mittlerweile glaubt, stark sein zu müssen, um im Leben klarzukommen. Weil er meint, zwei Jahre Trauer seien genug.

Man muss die Figur »Erwachsener« (seine eigenen Gedanken und Meinungen) durchaus genau und oft auch kritisch betrachten. Ein Erwachsener ist ja nicht allein deshalb klug, weil er vernünftig ist. Erwachsene handeln rational entsprechend ihrer Ziele. Sie können überlegen, planen, vorausschauen, Entscheidungen treffen. Aber sie tun das auf Grundlage bestimmter Gedankensysteme und Meinungen, und diese können durchaus fragwürdig sein.

Erwachsene können ein Kind schreien lassen, weil das angeblich seine Lungen kräftigt, oder es in die Arme nehmen, weil es ihrer Meinung nach Halt sucht. Sie können Zeit mit ihm verbringen, oder es statt mit Liebe mit Geschenken überhäufen. Erwachsene können sich einem Kind gegenüber klug oder dumm verhalten, starr oder flexibel, zugewandt oder abgewandt. Kurzum: Sie können sich liebevoll und lieblos verhalten. Entsprechend geliebt beziehungsweise ungeliebt fühlt sich das Kind.

Dunkle Erwachsene, also vom Empfinden ihrer Kinder getrennte Erwachsene, und sich demzufolge ungeliebt fühlende Dunkle Kinder kann man oft beobachten:

- Das Kleinkind, das lernen soll, allein zu sein, und das von den Eltern in sein Zimmer gesperrt wird. Irgendwann wird es sich schon daran gewöhnen.
- Eltern, die ihr Kind für eine schlechte Zeugnisnote strafen, damit es sich mehr anstrengt. Die Freude am Lernen steht auf dem Spiel.
- Die Strafpredigt für ein unerwünschtes Verhalten. Schließlich sollen sich Kinder anpassen. Das Kind wird gehorchen – aber aus Angst und nur solange es die Eltern fürchten muss.
- Das Kind, das sich ein Knie aufschlägt und dessen Weinen mit den Worten »Stell dich nicht so an« kommentiert wird. Um sich geliebt zu fühlen, wird es seine Fähigkeit, Schmerz zu zeigen, zurückhalten.
- Das Kind, das lieb und nett sein soll, fühlt sich schlecht und schuldig, wenn es wütend wird. Es wird seine Aggressionen verstecken und damit seine Selbstbehauptungsfähigkeit weniger stark entwickeln.

Dunkle Erwachsene und Dunkle Kinder finden nicht zu einer liebevollen Beziehung, sondern zerren aneinander. Ihre Beziehung ist von Kampf und Verzweiflung gekennzeichnet. Ihre Beziehung ist nicht herzlich, sondern lässt Herzlichkeit vermissen. Der Dunkle Erwachsene kämpft für seine starren Überzeugungen, Ziele und Vorstellungen.

Der Kopf regiert sein Handeln. Er sieht nicht, wie sein Kind tatsächlich ist, sondern glaubt zu wissen, wie es sein sollte und was gut für es ist.

Das Dunkle Kind kämpft für Anerkennung und gegen Strafe und Vernachlässigung. Es tut dies mit der Logik des Gefühls. Um nicht bestraft zu werden, lügt es. Um nicht übersehen zu werden, wird es auffällig. Um anerkannt zu werden, passt es sich an.

Natürlich versuchen die meisten Eltern, sich liebevoll ihren Kindern gegenüber zu verhalten. Das gelingt aber nicht immer, und natürlich können Eltern von den Umständen, in denen sie leben und von ihrer eigenen Vergangenheit nicht vollständig absehen.

Die innerliche Abbildung der Eltern-Kind-Beziehung

Im Lauf der Jahre internalisiert ein Kind die es umgebende und durch Erwachsene repräsentierte Gedankenwelt. Es macht sich einen Großteil der Gedanken von Eltern und anderen Erwachsenen zu eigen und entwickelt einen »Inneren Erwachsenen«, der glaubt zu wissen, wie die Welt funktioniert. Diese Internalisierung verläuft vor allem über die Aufnahme von Botschaften, über die Reaktion darauf und durch vorgelebtes Beispiel.

Ein Kind sieht Erwachsene müde und erschöpft nach Hause kommen – also muss die Welt da draußen ganz schön hart sein. Die Erwachsenen schicken gewollt oder ungewollt die Botschaft: »Sei hart, sonst kommst du nicht klar«, entweder verbal oder indirekt, indem sie hartes Verhalten belohnen und selbst versuchen, hart zu sein.

Ein anderes Kind erlebt einen Elternteil, der sich vor den cholerischen Ausbrüchen des Partners duckt. Also ist es wahr, dass man »aufpassen muss« und »Konflikte besser vermeidet«. Der angepasste Elternteil sagt sogar: »Es lohnt nicht, zu streiten«, für das Kind ist das ein weiterer Grund, das selbst zu glauben.

Wieder ein anderes Kind erfährt die Anerkennung der Eltern nur, wenn es etwas leistet. Das ist der Beweis dafür, dass man »funktionieren muss«. Das Kind wird den Willen zur Leistung entwickeln, denn es braucht die Liebe der Eltern. Schon bald wird es selbst denken, dass nur Leistung zählt.

Irgendwann hat das Kind das Verhältnis der beiden Kräfte Gefühl und Verstand in sich abgebildet. Es hat neben seiner Fähigkeit zum Fühlen auch die Fähigkeit zur Rationalisierung erworben. Dadurch kann es seinen eigenen Gefühlen gegenübertreten und sich zu sich selbst verhalten. In seinem Inneren stehen sich Gefühl und Verstand oft spannungsvoll oder widersprüchlich gegenüber. Die Konsequenz aus dieser Entwicklung lautet dann: *Menschen, die sich mit dem Thema Inneres Kind befassen, werden eine erstaunliche Entdeckung machen: Sie gehen mit sich selbst ähnlich um, wie ihre Eltern einst mit ihnen umgingen.*

Heller Erwachsener und Helles Kind

Was gebraucht wird, um die Vergangenheit zu bewältigen, ist ein Kontakt der hellen Seiten. Also ein Kontakt wie zwischen liebevollen Eltern und einem sich geliebt fühlenden Kind. Ein Kontakt, in dem Gefühl und Verstand aufeinander bezogen sind.

Wann verhalten sich Eltern liebevoll? Wenn sie alles tun, was ein Kind will? Nein. Sie sind liebend, wenn sie die Bedürfnisse des Kindes erfüllen und ihm und seinen Lebensäußerungen gegenüber eine aufgeschlossene und zugewandte Haltung einnehmen. Dazu gehört auch, ihm Grenzen zu zeigen, aber dies auf der Grundlage von Zugewandtheit. So war eine Frau verblüfft, als ihre beiden acht- und zehnjährigen Kinder sich bei ihr beschwerten, sie würde ihnen nie etwas verbieten. Die Kinder meinten, ihre Freunde dürften nicht alles tun. Offenbar deuteten die Kinder das Verhalten der Mutter als Gleichgültigkeit, sie wünschten sich klarere Ansagen.

Klarheit und das Setzen von Grenzen gehören zu den Aufgaben liebevoller Eltern. Solche Hellen Eltern finden auch Wege, das Kind durch liebevolle Routinen an bestimmte Essenszeiten, Schlafenszeiten oder Abwesenheit zu gewöhnen, während Dunkle Eltern hierbei Zwang ausüben, weil sie von den Bedürfnissen ihrer Kinder genervt sind. Helle Eltern akzeptieren die Gefühle des Kindes und gehen von dieser Position aus mit ihnen um. Dazu ein Beispiel:

Ich hörte einen Vater, der seine Frau gerade zu einer schweren Operation ins Krankenhaus gebracht hatte, zu seiner Tochter sagen, sie müsse jetzt »tapfer sein« und solle keine Angst haben. Nur – wie soll das einem Kind gelingen? Der Vater hatte selbst Angst um seine Frau, und zugleich hat er Angst vor den Gefühlen seiner Tochter. So wurde er ungewollt zum Dunklen Erwachsenen.

Als Heller Erwachsener hätte er das Kind mit seiner Angst zu sich eingeladen und ihm Halt geboten im Sinne von: »Es ist völlig in Ordnung, Angst zu haben.« Das Kind hätte dann erfahren, dass auch der Vater besorgt ist, aber ihm zugleich Halt geben kann, weil er sich nicht vor seiner Angst fürchtet.

Ein guter Umgang von Eltern mit ihren Kindern ist durch Verbundenheit gekennzeichnet, dadurch, dass sich Eltern und Kinder respekt- und liebevoll aufeinander beziehen. Das bedeutet nicht, dass es keine Konflikte gibt, aber es bedeutet, dass diese auf dem Hintergrund von Achtung und Verbundenheit stattfinden.

Und für uns alle gilt: Wer mit sich selbst so liebevoll umgeht, wie er mit einem realen, von ihm geliebten Kind umgeht oder einem solchen Kind umgehen würde, der sorgt für eine gute Verbindung seiner Gefühls- und Verstandeskräfte miteinander.

Teil III

Der Umgang mit dem Inneren Kind in der Praxis

Nachdem Sie nun einiges über den theoretischen Umgang mit dem Inneren Kind erfahren haben, wenden wir uns nun dem praktischen zu. Im Prinzip geht es in der Praxis darum, diejenigen Überzeugungen/Wahrheiten zu entdecken und zu entkräften, die einen nachteiligen Einfluss auf heutige Lebenserfahrungen ausüben, indem sie das eigene Verhalten und die Erfahrungen festlegen. Gleichzeitig sollen die Seiten gestärkt werden, die damals/bislang nicht ausreichend zum Zuge kamen.

Viele der in der Kindheit gebildeten Überzeugungen sind nachteilig, weil sie bestimmen, was man *tun muss*. Damit sagen sie zugleich, was man *nicht tun darf*. Sie sagen, wie man *sein soll*, und damit zugleich, wie man *nicht sein darf*. Wahrheiten sind Gebote. Sie stellen Schilder ins Leben, auf denen geschrieben steht: »Bis hierhin und nicht weiter.« Sie stellen gewissermaßen Reiseverbote dar und zwingen zur Einseitigkeit.

Gleichzeitig sieht der von inneren Festlegungen betroffene Mensch um sich herum viele Reisende, die sich erlauben, was er sich nicht gestattet. Sie zeigen die Fähigkeiten, die er bei sich selbst vermisst und die er entwickeln möchte. Sie halten ihm sein Problem gewissermaßen vor Augen. Dadurch entdeckt er, welche Seiten seiner Persönlichkeit jetzt zum Zuge kommen und sich entwickeln wollen. Des Weiteren entdeckt er in sich Gedanken, Gefühle und Impulse, die aus »verbotenen« Gebieten stammen: Er entdeckt seine Sehnsüchte.

So steckt jeder zwischen zwei Polen fest, zwischen Festlegungen auf der einen und dem Bedürfnis nach Erweiterung auf der anderen Seite. Dieser innere Widerspruch wird als Problem erlebt. Und hier – bei den auftauchenden Problemen – liegt nicht nur in der Theorie, sondern auch in der Praxis der Ansatzpunkt für den Umgang mit dem Inneren Kind. Denn Probleme markieren jene psychischen Bereiche, die einer Neuordnung bedürfen.

Für den praktischen Umgang mit dem Inneren Kind brauchen Sie etwas Toleranz und Neugier den eigenen Problemen gegenüber. Das aus dem einfachen Grund, *weil jedes Problem seine eigene Lösung bereits in sich birgt.* Wer erkannt hat, dass er ein Problem hat, der hat bereits den ersten Schritt getan, eine festgefahrene Situation zu lösen.

Probleme weisen stets zwei Seiten auf, die sich reiben oder beißen. Dazu ein Beispiel:

Eine Frau sagt: »*Ich fühle mich von meinem Mann dominiert!*«

Auf die Frage, was das Problem daran sei, antwortet sie: »*Ich möchte mich frei und selbstbestimmt fühlen!*«

Hier sind die beiden Seiten des Problems in zwei Sätzen beschrieben. Auf der einen Seite kann sich die Frau gut *unterordnen,* auf der anderen Seite möchte sie *sich behaupten.* In ihren Aussagen sind sowohl die Festlegung als auch die Erweiterung, sowohl das verinnerlichte Gebot als auch die daraus entstehende Sehnsucht enthalten. Eine angepasste und eine selbstbestimmte Seite ihrer Persönlichkeit prallen aufeinander. Ihr Problem weist sie unmittelbar auf die Fähigkeiten oder Seiten hin, die sie stärker bei sich entwickeln möchten; und daher ist die Lösung im Problem enthalten.

Beschreibt man die Persönlichkeitsanteile, die den inneren Konflikt (das Problem) verursachen, als Figuren, findet sich auf der einen Seite »eine Angepasste« und auf der anderen Seite »eine Selbstbestimmte«. Die Zeiten der Angepassten neigen sich dem Ende zu, aufgestanden ist eine Selbstbestimmte, auf deren Fahne die Losung steht: »Ich habe ein Recht, frei zu sein. Ich kann über mich selbst bestimmen!« Würde sich die Frau nicht nach Selbstbehauptung sehnen, hätte sie kein Problem. Schließlich hat nicht jeder Mensch, der sich von seinem Partner dominiert fühlt, Schwierigkeiten damit. Manche fühlen sich dann sogar sicher und geborgen. Die Unterordnung ist kein Problem »an sich«, sondern erst zum Problem geworden. Es gibt sogar Lebensumstände, in denen selbstbewusstes Auftreten gefährlich sein kann und in denen es besser ist, sich unterzuordnen. Das Problem besteht erst, nachdem die Sehnsucht nach Selbstbehauptung erwacht ist. Und daher hat sich diese Frau bereits auf den Weg gemacht, ihr Problem zu lösen.

Ein Problem zu haben ist immer ein Hinweis darauf, dass man sich verändern möchte. Insofern sind Probleme die besten Ratgeber, die man sich vorstellen kann. Sie sind vor allem deshalb so wertvoll, weil sie individuell passende Lösungen beinhalten, weil sie genau auf denjenigen zugeschnitten sind, der sie hat. Das Problem der Frau im obigen Beispiel ist nicht der dominante Mann, sondern ihre Unterordnung, und daher ist die Lösung, sich zu verändern und die Frau zu werden, die sie jetzt sein möchte.

Es *kann* gut sein, sich anzupassen, es *kann* gut sein, sich zu verleugnen, es *kann* gut sein, sich durchzusetzen, es *kann* gut sein, sich verbissen anzustrengen. Aber es ist schlecht, sich anpassen oder verleugnen oder durchsetzen oder sich verbissen anstrengen *zu müssen*.

Ich habe bereits dargelegt, dass jede Wahrheit, die jemand über das Leben verinnerlicht hat, unter bestimmten Umständen wahr sein kann. Wenn alles wahr sein kann und zugleich nichts endgültig wahr ist – wie entscheidet man dann, welches Verhalten richtig und welches falsch ist? Diese Entscheidung kann man getrost seinen Problemen überlassen. Sie weisen auf die Richtung hin, die man zukünftig einschlagen möchte, die Richtung hin zu mehr Selbstentfaltung.

Ich hoffe, nun Interesse an Problemen geweckt zu haben, denn der praktische Umgang mit dem Thema Inneres Kind setzt aus den geschilderten Gründen stets im Spannungsfeld zwischen Festlegung und Sehnsucht, zwischen Verbot und Erlaubnis, zwischen Enge und Erweiterung an.

Die wesentlichen Themen des praktischen Teils behandle ich unter den Stichworten:

- Selbstwert
- Selbstliebe
- Umgang mit Ängsten
- Sehnsüchte ausbreiten
- Sich etwas trauen
- Dialoge mit dem Inneren Kind
- Konflikte mit anderen Menschen und mit der Welt

In jedem Abschnitt wird das Thema allgemein beschrieben und es gibt dazu passende Übungen für diejenigen, die sich intensiver mit dem Thema Inneres Kind befassen wollen. Übungen sind hilfreich und wichtig. Warum? Weil es oft nicht genügt, die Folgen der Vergangenheit gedanklich zu erfassen. Gedanken und rationale Erkenntnis haben meist relativ kurze Beine.

Die verbreitete Auffassung, dass Gedanken unsere Wirklichkeit bestimmen und es darauf ankommt, die richtigen Gedanken zu haben, ist ein grober Unsinn. Jede Wahrnehmung, gleich welcher Art, ist immer von einem Bündel psychischer Reaktionen begleitet. Dazu gehören Gedanken, aber auch Gefühle und Körperempfindungen. Ich habe diese Zusammenhänge im Abschnitt »Beim Inneren Kind dreht sich alles um Empfindungen« unter dem Stichwort des dreifachen Gedächtnisses beschrieben.

Gedanklich kann man vieles verstehen, aber dadurch ändern sich oftmals weder Gefühle noch Verhalten. Es ist beispielsweise eines der großen Probleme der Psychoanalyse, dass sich Erkenntnis nicht automatisch in Verhalten umsetzt. Warum nicht? Weil Gefühle die Kraft haben, sich Handlungsimpulsen in den Weg zu stellen. Der Mensch fühlt sich dann blockiert und kommt trotz bester Absicht nicht weiter.

Übungen bieten eine Möglichkeit, über die Verstandeswelt hinauszugehen und die eigene Gefühls- und Körperwelt zu erreichen. Sie erfordern zwar mehr Zeit und mehr Aufmerksamkeit, sie erfordern Wiederholungen und bewusste Zuwendung. Aber sie gehen auch tiefer, als es Gedanken möglich ist. Übungen zu machen lohnt sich also. Dabei sollten Sie einige Dinge beachten: Sie sollten sich in einen Raum zurückziehen, in dem Sie ungestört sind. Nehmen Sie sich Zeit und folgen Sie den Schritten, die in den jeweiligen Übungen beschrieben sind. Nutzen Sie ein Notizbuch und schreiben Sie auf, was Sie erleben und welche Erkenntnisse Sie gewinnen.

Aber genug der Worte, packen wir den praktischen Umgang mit dem Inneren Kind an.

Kapitel 9

Selbstwert

Selbstwert ist ein zentrales Thema, wenn es um das Innere Kind geht. Woher stammt der Eindruck, etwas wert beziehungsweise wenig wert zu sein? Das Empfinden für seinen Wert bringt man nicht mit auf die Welt. Man entnimmt ihn aus der Reaktion der anderen, in erster Linie der Eltern, aber auch anderer wichtiger Personen. Wer Probleme mit seinem Selbstwert hat, hat demnach immer Probleme mit »den anderen«. Er hat nachteilige Wertungen und Urteile verinnerlicht, die andere – tatsächlich oder vermeintlich – über ihn gefällt haben. Aus der Verurteilung durch andere ist im Lauf der Zeit eine Selbstverurteilung geworden.

Ein Problem mit seinem Selbstwert kann demnach nur haben, wer etwas an sich wahrnimmt, das er *hat*, aber angeblich nicht haben sollte; oder das er *ist*, aber angeblich nicht sein sollte. Wer ein Selbstwertproblem hat, fürchtet um sein Ansehen und schämt sich für seine Empfindungen.

Scham und Selbstverurteilung

Und damit sind wir beim Thema Scham. Wer etwas an sich wahrnimmt, das er angeblich nicht haben sollte, schämt sich dafür. Aus Scham verbietet man sich, etwas zu sein (beispielsweise traurig oder albern), etwas zu haben (beispielsweise Schwäche oder Sehnsucht), etwas zu wollen (beispielsweise Lust oder sein Recht) oder etwas zu tun, was anderen nicht passt.

Scham blockiert. Solche Blockaden äußern sich in Hemmungen, bestimmte Gedanken zuzulassen, wie:

- Ich bin wichtig.
- Ich bin traurig.
- Ich bin einsam.
- Ich habe Ängste.
- Ich kann nicht mehr.
- Ich habe Sehnsüchte.
- Ich bin sauer.
- Du bist du und ich bin ich.
- Ich kann das nicht.
- Ich bin anders.
- Ich bin liebenswert.
- Ich darf Fehler machen.
- Ich traue mir das zu
- und viele andere Gedanken mehr.

Nicht nur Gedanken, auch Gefühle können mit Scham belegt sein. Man empfindet Hass auf die Eltern oder Liebe für jemanden, der nicht zur sozialen Gruppierung passt, oder sexuelle Lust und schämt sich dafür. Scham signalisiert die Bereitschaft zur Unterwerfung unter die Normen der anderen. In der Folge werden Handlungsimpulse unterdrückt, die auszuleben in der Umgebung unerwünscht ist, zumindest meint man das – schließlich ist die heutige Umgebung eine andere als die von damals und es herrschen andere Normvorstellungen. So war es noch vor zwanzig Jahren verpönt, eine Psychotherapie aufzusuchen, heute ist das ganz normal und niemand muss sich dafür schämen.

Die Scham hat, wie jedes Problem, zwei einander widersprechende Seiten. Wer sich für etwas schämt, bei dem befinden sich Dunkler Erwachsener (die verinnerlichten Haltungen und Ansichten anderer) und Inneres Kind (das vorhandene Empfinden und die Sehnsucht nach dessen Anerkennung) in Konflikt miteinander. Man möchte so sein und sich zeigen, traut sich aber nicht und fürchtet die Ablehnung der anderen.

Es hilft daher, die beiden Seiten des Problems näher zu betrachten. Auch hierbei gilt der Grundsatz, zuerst das Problem zu erforschen und die Lösung erst einmal außer Acht zu lassen. Wie eine Lösung aussehen kann, das ergibt sich dann später fast von selbst.

Zur Erforschung des Problems Scham ein Beispiel:

Ein Mann wird von seiner Partnerin oft mit dem Vorwurf konfrontiert, er wolle zu viel Sex. Er schämt sich daraufhin für seine Lust. Sein Problem: Er hat einerseits sexuelle Lust und verurteilt sich andererseits dafür. Die folgenden Fragen können mehr Licht in die dahinterstehenden Zusammenhänge bringen.

Frage: *Wofür genau schämen Sie sich?*
Antwort: *Dafür, dass ich Sex will und Lust habe.*
Frage: *Wie lehnen Sie Ihre Lust ab, was denken Sie Ablehnendes darüber?*
Antwort: *Dass sie schlecht ist, nicht normal.*

Frage: *Inwiefern ist Ihre Lust nicht normal?*
Antwort: *Sie ist übertrieben, ich kann sie offenbar nicht kontrollieren.*
Frage: *Was ist Ihre früheste Erinnerung an das Thema Lust?*
Antwort: *Mein Vater ist oft fremdgegangen. Meine Mutter war sehr verbittert und hat ihn verachtet.*
Frage: *Wie alt waren Sie da?*
Antwort: *Sechs Jahre ungefähr.*
Frage: *Was hätte Ihre Mutter gesagt, wenn sie diese Verachtung ausgedrückt hätte?*
Antwort: *Sie hätte gesagt, Männer sind Schweine.*
Frage: *Sie haben sich solche Ansichten zu eigen gemacht?*
Antwort: *Offenbar. Ich fühle mich schon irgendwie schmutzig und schlecht.*
Frage: *Aber Sie fühlen Lust?*
Antwort: *Ja, ich habe gern Sex.*
Frage: *Was hätte eine Mutter über Lust gedacht, die nicht verbittert war?*
Antwort: *Dass es in Ordnung ist, Lust zu haben. Dass Lust schön ist.*

Das Beispiel zeigt, wie sich Gedanken und Gefühle konflikthaft gegenüberstehen. Die Gedanken sind selbstverurteilend, die Gefühle ersehnen Wertschätzung.

Das Problem besteht für den Mann darin, dass er sich bestimmte Urteile über Lust zu eigen gemacht hat, offenbar hat sich das damalige Kind mit der Mutter identifiziert. Deren Verurteilung männlicher Lust hat er als Dunkler Erwachsener übernommen. Eine gute Mutter (eine Helle Erwachsene) hätte seine Lust bejaht.

Die Kindheit ist vorbei, die Lösung des Problems liegt heute darin, sich diese Wertschätzung selbst zu geben. Das ist möglich, schließlich verurteilt man sich auch selbst. Wie diese Selbstbestätigung erfolgen kann, dazu komme ich weiter unten. Zuerst einmal geht es um die Erforschung der eigenen Scham, und zwar in Form einer Übung.

Übung 1: Mein Schämen erforschen

Beantworten Sie die Fragen der Übung am besten schriftlich und ausführlich und mit Zeit und Ruhe in Ihrem Notizbuch.

Ausgangspunkt
Sie schämen sich für etwas oder verurteilen sich für etwas und wollen ein besseres Verhältnis zu sich bekommen.

Schritt 1: Ablehnung
- In welchen Situationen fühle ich mich nicht wertgeschätzt oder abgelehnt?
- Wofür werde ich von anderen abgelehnt oder verurteilt? Oder: Wofür befürchte ich, von anderen abgelehnt oder verurteilt zu werden?
- Wofür verurteile ich mich selbst, was lehne ich selbst an mir ab?
- Was traue ich mich nicht, anderen zu sagen oder zu zeigen?

Schritt 2: Begründung
- Mit welchen Argumenten lehnen andere diese Seiten/ Gefühle/Empfindungen von mir ab?
- Mit welchen Gedanken (Argumenten) lehne ich diese Seiten/Gefühle/Empfindungen bei mir selbst ab?

Schritt 3: Urteile

- Formulieren Sie die Urteile der anderen: »Du bist …«, »du solltest nicht …«
- Formulieren Sie Ihre Selbstverurteilung: »Ich schäme mich für …«, »ich sollte nicht …«

Schritt 4: Die Spur in die Vergangenheit

- Machen Sie sich die Quellen dieser Urteile in der Vergangenheit klar. Wer ist dem Kind gegenüber, das Sie einmal waren, so oder ähnlich aufgetreten?
- Wie hat sich das Kind gefühlt und was hat es über sich selbst gedacht, wenn man ihm so begegnet ist?
- Wie hat das Kind reagiert? Mit Anpassung oder Auflehnung? Wie sonst?

Schritt 5: Helle Erwachsene

- Wie hätten Erwachsene, etwa zugewandte Eltern, auf liebevolle Weise reagiert?
- Was hätten sie über die Empfindungen des Kindes gesagt?
- Welche Botschaften hätten sie dem Kind gesendet?
- Wie hätte sich das Kind gefühlt, was hätte es gedacht, wie hätte es reagiert?

Integration:

Halten Sie fest: Was ist mir klarer geworden?

Wenn Sie diese Fragen beantwortet haben, ist die betreffende Selbstablehnung beleuchtet und erforscht worden. Allein dadurch kann sich bereits der eine oder andere Aspekt im Blick auf sich selbst verändern. Es lohnt sich, die Übung von Zeit zu Zeit zu wiederholen oder sie zu verschiedenen Themen zu machen.

Man kann seinen Selbstwert aber noch weiter stärken. Dazu dient die nächste Übung.

Übung 2: Sich selbst bestätigen

Das Problem mit dem Selbstwert besteht in den verinnerlichten Urteilen über sich selbst, in der *Selbstverurteilung*. Diese soll in der folgenden Übung relativiert und aufgeweicht, vielleicht sogar aufgehoben werden. Möglicherweise müssen Sie die Übung mehrmals machen, um Stück für Stück voranzukommen.

Ausgangspunkt
Sie wollen eine Seite von sich stärken, für die Sie sich kritisieren oder für die Sie Ablehnung von anderen erfahren.

Schritt 1: Die Ablehnung formulieren
- Formulieren Sie in klaren Worten, wofür Sie sich verurteilen/wofür Sie von anderen verurteilt werden oder was Sie an sich ablehnen.
- Beschönigen Sie die Formulierungen nicht, akzeptieren Sie die Selbstablehnung bzw. die der anderen.

Schritt 2: Das Dunkle Kind
- Schließen Sie die Augen und sprechen Sie diese Verurteilungen flüsternd aus.
- Welche Gefühle entstehen, wenn Sie diese Aussagen hören?
- Wenn ein Kind diese Gefühle/Empfindungen hätte, wie alt wäre dieses Kind?

Schritt 3: Der Helle Erwachsene

- Stellen Sie sich vor, dieses Kind wäre Ihr eigenes Kind. Sie erkennen, wie es dem Kind geht, wie es sich fühlt.
- Welche liebevollen und akzeptierenden Botschaften würden Sie dem Kind von Ihrem Herzen senden?
- Formulieren Sie solche Botschaften und schreiben Sie diese auf.

Schritt 4: Das Helle Kind

- Lesen Sie die Botschaften des/der Hellen Erwachsenen leise vor.
- Stellen Sie sich vor, das Kind würde diese Botschaften erhalten.
- Wie fühlt es sich für das Kind an, diese Botschaften zu bekommen?
- Welche Botschaften kann es annehmen?
- Welche kann es nicht glauben?
- Welche Botschaften würde das Kind noch gern erhalten? Schreiben Sie auch diese auf.

Integration

Halten Sie fest: Wie gut ist mir die Selbstbestätigung gelungen? Woran kann ich noch arbeiten?

Es versteht sich, dass mit zwei Übungen das Thema Selbstwert nicht erledigt ist. Man kann zu allen Zeiten und in vielen Situationen auf das Thema gestoßen werden. Denn »die anderen« sind jederzeit da, nicht nur mit Bestätigungen, sondern auch mit Bewertungen und Beurteilungen.

Vielleicht stellt sich Ihnen an diesem Punkt die Frage, ob man alles an sich toll finden sollte. Haben *Kritik und Selbstkritik* keine Berechtigung? Doch, beides ist wichtig. Aber zwischen konstruktiver Kritik und Selbstverurteilung besteht ein großer Unterschied. Man kann etwas Dummes tun, ist deshalb aber noch kein Dummkopf. Viele Menschen unterscheiden nicht zwischen einer Person und deren Handlungen. Dann hört man Aussagen wie »Du bist ein Egoist«, anstatt: »Ich finde dieses oder jenes Verhalten egoistisch.« Kritik und Selbstkritik, die sich auf bestimmtes Verhalten bezieht, kann gerechtfertigt sein. Kritik und Selbstkritik, die abwertend oder gar vernichtend ist, führt zu nichts Gutem.

Machen Sie ein kleines Experiment. Schließen Sie die Augen und stellen Sie sich vor, jemand sagt zu Ihnen: »Du bist ein Dummkopf.« Wie fühlt sich das an, und wie reagieren Sie emotional darauf? Dann stellen Sie sich vor, die gleiche Person sagt: »Das war dumm von dir.« Wie fühlt sich das an, und mit welchen Gefühlen reagieren Sie darauf?

Für den Fall, dass man von generalisierender Verurteilung betroffen ist, kann man die Betreffenden (oder sich selbst) darauf hinweisen. Beispielsweise mit der Frage: »Findest du mich oder mein spezielles Verhalten egoistisch?« Menschen, die an einem guten Kontakt interessiert sind, werden darauf eingehen. Zudem fällt es einem leichter, sein eigenes Verhalten kritisch zu sehen, als sich selbst abzulehnen oder abzuwerten.

Kapitel 10

Selbstliebe

Selbstliebe ist ein großes Wort. Ich persönlich denke, dass die Liebe nicht »erfunden« wurde, um sich selbst, sondern um andere Menschen zu lieben und von ihnen geliebt zu werden. Selbstakzeptanz und Selbstachtung sind daher vielleicht passendere Begriffe, wenn es um ein gutes Verhältnis zu sich selbst geht, aber das Wort Selbstliebe hat sich verbreitet, und daher werde ich es gebrauchen.

Was ist der Unterschied zwischen Selbstwert, dem Thema des vorigen Abschnitts, und Selbstliebe? Außer Frage steht, dass diese Themen zusammenhängen, nur besteht Selbstliebe in einem wärmeren, intimeren Verhältnis zu dem, was man an sich wahrnimmt oder dem, wie man ist. Sich selbst zu lieben bedeutet, einfach ein Herz für sich zu haben. So, wie man sein Kind oder den Liebespartner ansieht, offen, mit positiven Empfindungen und einer warmherzigen Akzeptanz auch für Eigenarten, so kann man auch sich selbst ansehen.

Das gelingt in bestimmter Hinsicht gut, in anderer Hinsicht weniger. Man mag manche seiner Eigenschaften oder vielleicht das Äußere. Aber man kann sich/Teile von sich auch verachten oder sogar hassen. Beispielsweise für Schwächen, für das eigene Aussehen, für die eigenen Bedürfnisse. Was man an sich ablehnt, verschwindet deshalb nicht. Es zieht sich aus dem Bewusstsein zurück und trägt von seinem Rückzugsort aus zur Selbstverleugnung bei. Denn was man vor sich selbst verbergen möchte, das muss man auch vor anderen verstecken. Oder das Abgelehnte sorgt für die Abwertung anderer, auf die man neidisch ist und die man zu sich »herunterziehen« will. So kostet Selbstablehnung Lebenskraft und Lebensfreude.

Überzogene Erwartungen an sich selbst

Zur Selbstablehnung und zum Selbsthass kommt es nicht zufällig. Wer Probleme hat, Teile von sich liebevoll anzunehmen, der leidet meist unter überzogenen oder falschen Erwartungen. Der überfordert sich, will etwas sein oder erreichen, was ihm nicht möglich ist. Schauen wir uns solche überzogenen Erwartungen an einigen Beispielen an:

Ein Mann, der psychisch immer schwächer wird, der kurz vor einer Depression steht, sagt: »*Ich habe meinen Vater immer nur arbeiten sehen. Mein Gott, hat der geschuftet, um uns groß zu bekommen!*« Seine Verehrung für den Vater ist deutlich zu spüren, und es lässt sich eine Verachtung für alle erahnen, die sich »hängen lassen«. Diese Härte macht sich in seiner strengen Einstellung gegenüber Sozialhilfeempfängern und Arbeitslosen bemerkbar, aber auch in der Verachtung sich selbst und seiner angeblichen Schwäche gegenüber.

Natürlich hat dieser Mann auch den Wunsch, sich einmal hängen zu lassen. Aber sobald er sich für zehn Minuten hinlegt (er ist aufgrund seiner Überforderung permanent erschöpft), treibt sein Gewissen ihn wieder hoch. »Faulheit« – wie er es nennt – gehört zu den verbotenen Gefühlen, er darf sie vor sich selbst nicht zugeben und muss sie an anderen Menschen kritisieren. Selbst wenn er in seinem Leben einen Gang zurückschalten wollte, könnte er das nicht tun. Er müsste es erst lernen.

Der Mann leidet unter der überzogenen Erwartung, so stark und belastbar zu sein, wie sein Vater ihm erschien. Wie würde sich ein liebevoller (heller) Vater dem Kind gegenüber verhalten, das der Mann einmal war? Er würde ihm zeigen, dass Genuss zum Leben gehört und Entspannung keine Schwäche, sondern eine Fähigkeit ist. Dieser liebevolle Erwachsene muss er jetzt selbst sein, also die Haltung sich selbst gegenüber verbessern.

Jeder von uns trägt überzogene Erwartungen und daraus resultierend verbotene Gefühle in sich. Der Starke verbietet sich, schwach zu sein (weil man sonst untergeht). Der Schwache verbietet sich, zu kämpfen (weil man ja doch den Kürzeren zieht). Der Zurückhaltende verbietet sich, seine Meinung zu äußern (weil es nur Nachteile bringt). Die Erwartungen an sich selbst bekämpfen eigene emotionale oder körperliche Sehnsüchte. Der innere Konflikt zwischen Kind und Erwachsenem, zwischen Gefühl und Verstand, zermürbt.

Aus der Kindheit bringt jeder bestimmte Erwartungen mit, die er sich nicht ausgedacht, sondern aus der Umgebung übernommen hat. Indem er die Forderungen der Erwachsenen verinnerlicht und sich diese zu eigen gemacht hat oder aufgrund bestimmter Umstände selbst bestimmte Erwartungen entwickelt hat. So wie in den folgenden beiden Beispielen:

Eine Frau ist sehr eifersüchtig. Sie kontrolliert ihren Freund derart, dass die Beziehung auf der Kippe steht. Ihr Freund hat gedroht, sie zu verlassen. Sie versucht daraufhin, die mit ihrer Eifersucht verbundenen Gefühle der Angst und Unsicherheit nicht zu haben. Sie »hasst« ihre Eifersucht. Doch welchen Nutzen hat der Hass? Löst er ihre Angst auf? Nein, er verbreitet lediglich die Kluft zwischen Gefühl und Verstand, zwischen ängstlichem Kind und forderndem Erwachsenen.

Woher stammt die Angst? Die Wurzeln ihrer Angst liegen in der Kindheit. Als ihr Vater starb, war sie vier Jahre alt. Seither fürchtet sie, die Person zu verlieren, »die ich am meisten liebe«.

Wie würde sich eine gute Mutter (eine liebevolle, Helle Erwachsene) zu einem Kind verhalten, das Angst hat, eine geliebte Person zu verlieren? Würde sie sagen: »Ich hasse deine Angst!« und das Kind anherrschen: »Jetzt hör endlich mit dieser Unsicherheit auf.« Nein, als Helle Erwachsene würde sie dem Kind das Gefühl geben, verstanden zu sein. Sie würde sagen: »Ich kann deine Angst verstehen, du darfst Angst haben.«

Eine solche Botschaft wünscht sich die Frau von ihrem Freund, aber wichtiger wäre, sie sich selbst zu geben. Für diese Frau geht es nicht darum, Angst und Unsicherheit loszuwerden, sondern sie anzunehmen und ihre Ängste dem Freund zu offenbaren, statt ihn kontrollieren zu wollen. So kann sie die Erfahrung machen, »auch damit« angenommen zu werden und kann allmählich Vertrauen aufbauen.

Eine Frau von Mitte fünfzig leidet derart unter ständiger Anspannung, dass sie körperliche Symptome wie Muskelschmerzen und Magenschmerzen entwickelt. Sie gönnt sich keine Ruhe und spricht davon, sich zu verachten. Wofür? *»Dafür, dass ich es nicht geschafft habe, meine Familie glücklich zu machen«*, wie sie sagt.

Der Ehemann liegt im Streit mit der gesamten Verwandtschaft und den Kindern, die Kinder haben Eheprobleme, ein Sohn musste Insolvenz anmelden. Und an alldem, so glaubt die Frau, ist sie schuld.

Wie kommt sie auf die Idee, sie müsse ihren Mann und ihre drei mittlerweile erwachsenen Kinder glücklich machen? Diese Erwartung stammt aus ihrer Familie, in der ständig Spannung und Streit herrschten und in der vor allem die Eltern restlos überfordert waren. Das Kind nahm sich damals vor, eine bessere Familie »hinzubekommen«.

Als Erwachsene hat sie sich einerseits für das Glück des Mannes und der Kinder aufgeopfert, andererseits hat sie versucht, ihre Vorstellungen davon, was glücklich macht, bei ihrem Mann und den Kindern durchzusetzen. Das Ergebnis ist eine Familie, in der ständig Spannung und Streit herrschen.

Für diese Frau geht es nicht darum, andere glücklich zu machen, sondern sich ihrer Erschöpfung und den eigenen Bedürfnissen zuzuwenden. Im Kontakt mit dem Inneren Kind, dem Dunklen Kind, kann ihr das gelingen, wenn sie die Haltung einer liebevollen, Hellen Erwachsenen annimmt und so ihre Überzeugungen relativiert und Zwänge aufhebt. Ihre Gefühlswelt wird sich dann aufhellen und ihr Körper wird zu mehr Entspannung finden.

In den geschilderten Beispielen – und überhaupt beim Thema Selbstliebe – geht es nicht in erster Linie darum, bestimmte Gedanken zu verändern, denn auf der Verstandesebene kann jeder sehen, wie unrealistisch die eigenen Erwartungen sind. Es geht vor allem um die Gefühlsebene.

Beispielsweise nutzt es wenig zu wissen, dass man an etwas nicht schuld ist, wenn man sich schuldig oder hässlich oder unvollkommen *fühlt*.

Gefühle verändern

Liebe ist in erster Linie ein Gefühl. Daher geht es beim Thema Selbstliebe vorrangig darum, ein positiveres *Gefühl* sich selbst gegenüber zu bekommen. Das ist möglich, man kann Gefühle verändern. Man kann das, weil man bereits ein Problem mit der Selbstablehnung bekommen hat. Weil man bereits Gefühle entwickelt hat, die sich gegen die übernommenen oder selbst verordneten Ansprüche auflehnen. So wie die Menschen in den letzten drei Beispielen:

Im ersten Beispiel steht der Mann kurz vor einer Depression. Diese ist positiv gesehen ein Erweiterungsversuch, weil sie sich dem Stärkediktat des Mannes widersetzt. Die Depression sagt gewissermaßen: »Ich spiele nicht mehr mit. Ich verweigere die Mitarbeit.« Bei vielen Depressionen handelt es sich um eine Art Aufstand der Psyche gegen Druck und überzogene Anforderungen.

Im zweiten Beispiel versucht die eifersüchtige Frau, Sicherheit zu finden, indem sie ihren Freund kontrolliert. Hinter der Kontrolle ist sie ängstlich, traut sich aber nicht, ihre Angst zu zeigen. Ihre Angst sagt: »Halte mich, gib mir Schutz.«

Und im dritten Beispiel hat die Frau Schmerzen entwickelt, sie somatisiert. In diesem Schmerz ist die Aufforderung enthalten, sich den eigenen Zuständen und Bedürfnissen zuzuwenden, sich ihnen zu beugen.

Es gibt also bereits andere Gefühle, an die man anknüpfen kann, um sein Verhältnis zu sich zu verbessern. Allerdings reichen bei der Umsetzung dieses Vorhabens gedankliche Bemühungen kaum aus, dafür bieten sich Übungen an. Die folgende Übung unterstützt in einem ersten Schritt bei der Veränderung von Gefühlen.

Übung 3: Gute Botschaften finden

Ausgangspunkt dieser Übung ist etwas, das man an sich wahrnimmt – etwa eine emotionale Schwäche, ein körperlicher Zustand, verurteilende Gedanken –, oder sonst etwas, das man hat, aber nicht haben will und wofür man sich ablehnt. Teile von sich abzulehnen macht schlechte Gefühle, erschafft sozusagen ein Dunkles Kind. Bei diesen Gefühlen setzt die Übung an, um nach Botschaften zu suchen, die sich für das Kind *gut anfühlen*. Ich möchte diese Übung zunächst an einem Beispiel erläutern:

Eine Frau mag sich nicht, sie hält sich für wenig liebenswert, was sie daraus schließt, dass ihr Partner sie wenig beachtet. Sie sucht Beachtung und Bestätigung, indem sie es ihm »recht machen« will und den Fehler bei sich sucht. Die ersten Fragen dienen der Erforschung ihrer Selbstablehnung.

Frage: *Was ist falsch an Ihnen?*

Antwort: *Ich bin langweilig, das sagt er ja immer, und offenbar dumm. Er beschimpft mich.*

Frage: *Wie fühlen Sie sich dann?*

Antwort: *Ich fühle mich einfach nur schlecht, traurig, niedergemacht.*

Frage: *Wenn diese Gefühle einem Kind gehören würden, wie alt wäre es?*

Antwort: *So sechs oder sieben Jahre alt.*

Frage: *Was ist damals geschehen?*

Antwort: *Meine Eltern waren enttäuscht von mir, ich war verträumt. In der Schule war ich schlecht, sie sagten, ich wäre dumm.*

Anweisung: *Stellen Sie sich vor, Sie wären dieses Kind. Ich stelle dem Kind jetzt einige Fragen:*

Frage an das Kind: *Wie fühlst du dich, wenn deine Eltern so etwas sagen?*

Antwort des Kindes: *Niedergemacht, wertlos, einfach überflüssig. Und traurig.*

Anweisung: *Stell dir vor, deine Eltern hätten etwas zu dir gesagt, das dir gutgetan hätte. Sie hätten dir Botschaften gesendet, die dir gute Gefühle gegeben hätten. Was wären solche Botschaften, Sätze, Aussagen gewesen?*

Antworten des Kindes: *Sie hätten gesagt:* »*Du kannst sein, wie du bist*« *oder* »*du darfst ruhig träumen*« *oder* »*du musst uns nichts recht machen*« *oder* »*wir wollen, dass du glücklich bist*« ...

Frage an das Kind: *Wie hättest du dich gefühlt, wenn sie solche Botschaften gesendet hätten?*

Antwort des Kindes: *Gehalten. Verstanden. Fröhlich.*

Nach der Übung ist die Frau verwirrt. Sie hat eine Entdeckung gemacht und sagt: »*Dass jemand will, dass ich glücklich bin, ist ein merkwürdiger Gedanke. Ich kann das kaum glauben. Vielleicht sollte ich das viel mehr wollen, anstatt es meinem Freund recht machen zu wollen. Ja, es stimmt, ich will glücklich sein und nicht niedergemacht werden.*«

Warum ist die Frau verwirrt? Den Satz »Ich will glücklich sein und nicht niedergemacht werden« hat sie bisher weder sich noch ihrem Partner gesagt. Es ist etwas für sie Neues, das sie positiv aus dem Konzept bringt.

Der kleine Dialog mit dem Dunklen Kind zeigt, worum es in der Übung geht. Darum, die damals vermissten Botschaften zu entdecken und die Auswirkungen solcher positiven Zuwendungen auf die eigene Gefühlswelt wahrzunehmen. So wird fühlbar: Wenn ich damals solche guten Botschaften erhalten hätte, würde ich mich heute mehr annehmen, mehr lieben. Und zugleich wird deutlich: Wenn ich eine solche Haltung mir selbst gegenüber einnehme, fühle ich mich mit mir selbst sehr viel besser.

Kommen wir nun zur eigentlichen Übung. Nutzen Sie wieder Ihr Notizbuch und nehmen Sie sich Zeit.

Ausgangspunkt

Eine emotionale Schwäche, ein körperlicher Zustand, verurteilende Gedanken oder etwas anderes, das Sie an sich ablehnen.

Schritt 1: Selbstablehnung

- Sprechen Sie sich selbst an und drücken Sie aus, was Sie nicht an sich mögen oder was Sie ablehnen: »Du bist zu ...«, »du solltest nicht ...« oder »du hast ...«
- Schreiben Sie eine Reihe solcher Botschaften untereinander auf.

Schritt 2: Das Dunkle Kind

- Lesen Sie die negativen Botschaften mehrmals vor.
- Nehmen Sie wahr, wie Sie sich fühlen, wenn Sie diese Botschaften hören. Schreiben Sie auch das auf: »Ich fühle mich dann ...« oder »Ich bin dann ...«
- Wenn Sie ein Kind wären, das diese Gefühle hat, wie alt wäre das Kind? Denken Sie nicht nach, sondern bestimmen Sie das Alter spontan aus dem Gefühl heraus!

Schritt 3: Die vermissten Botschaften
- Stellen Sie sich vor, dieses Kind in diesem Alter mit diesen Gefühlen zu sein.
- Fühlen Sie nach, welche Botschaften dem Kind guttäten. Was würde sich gut, stärkend, unterstützend anfühlen?
- Lassen Sie das Kind solche Botschaften formulieren: »Sag mir ...«
- Schreiben Sie diese Botschaften auf.

Schritt 4: Das Helle Kind
- Sprechen Sie diese Botschaften dem Kind gegenüber mehrmals aus. Nehmen Sie sich Zeit und sprechen Sie in liebevollem Ton.
- Wie ändern sich die Gefühle des Kindes?

Schritt 5: Heute
- Stellen Sie sich vor, Sie würden heute als Erwachsene/r solche Botschaften an sich selbst senden: »Du ...«
- Genießen Sie die Wirkung dieser Botschaften.

Integration
- Welche Botschaften waren gut?
- Welche waren zu gut, um sie zu glauben?

Diese Übung kann Gefühle verändern und ist zugleich eine Art Bestandsaufnahme. Sie hilft zu erkennen, welche positiven Botschaften an der Oberfläche liegen und welche sich in der Tiefe verbergen. Die an der Oberfläche liegenden Botschaften sind leicht anzunehmen, man ist sozusagen reif dafür. Es gibt aber auch Botschaften, die zu gut sind, um sie zu glauben. Auch wenn sie jetzt noch nicht angenommen werden können, so ist die Sehnsucht danach vorhanden, und man kann später darauf zurückkommen.

Körperliche Empfindungen ändern

Die vorangegangene Übung zum Thema Selbstliebe hat gezeigt, wie sich Gefühle ändern können. Es reicht aber nicht immer aus, sich mit Gefühlen zu befassen, oft müssen körperliche Empfindungen mit in die Vergangenheitsbewältigung einbezogen werden. Diesem Zweck dient die nächste Übung. Sie stellt eine Art von Selbsthypnose dar, vorausgesetzt, man nimmt sich Zeit und macht die Übung so, wie sie beschrieben wird.

In der Übung geht es darum, sich »Sonden« zu senden. Eine Sonde kann man sich wie eine Botschaft vorstellen, die in den Körper eindringen und dort Wärme entfalten und Stärke fördern soll. Nonverbale Sonden sind beispielsweise Blicke oder Berührungen. Verbale Sonden sind ausgesprochene Botschaften. Zu einer Sonde wird eine Botschaft, wenn der Körper sie aufnimmt. Es ist also nicht der Verstand und es sind nicht allein die Gefühle, die über die Qualität einer Sonde entscheiden, sondern es ist vor allem der Körper.

Damit unterscheiden sich Sonden völlig vom teils noch verbreiteten positiven Denken oder von Affirmationen. Diese Botschaften werden vom Kopf formuliert und den Gefühlen und dem Körper aufgesetzt.[5] Auf diese Weise lassen sich allerdings keine nennenswerten Veränderungen von Gefühls- oder Körperempfindungen erreichen. Wenn sich jemand beispielsweise hässlich fühlt, nutzt es nichts, ihm die Botschaft zu senden: »Du bist schön.« Derjenige wird das nicht glauben können, sein Körper wird sich davor verschließen und die Sonde »draußen« lassen. Sein Körper könnte aber für den Anfang vielleicht die moderatere Botschaft »Du hast auch schöne Seiten« aufnehmen, und dann kann man nach und nach gewagtere Sonden aufnehmen und so ein größeres Herz für sich bekommen. Auch eine Botschaft wie »Du bist liebenswert«, die zwar leicht dahergesagt ist, wird meist nicht so leicht geglaubt. Dazu braucht es etwas Ausdauer und Zuwendung zu sich selbst. Und wenn sich jemand beispielsweise in einer Krise befindet, wird sein Körper die Sonde »Alles ist gut« ablehnen. Eine Sonde hingegen wie »Alles wird gut werden« oder »Irgendwann ist alles wieder gut« kann er womöglich aufnehmen. Wie gesagt, man muss die Entscheidung über die passende Sonde dem Körper überlassen.

Einige Beispiele für mögliche Sonden:

- Es ist in Ordnung, eifersüchtig zu sein.
- Es ist in Ordnung, verzweifelt zu sein.
- Du bist wichtig.
- Du bist liebenswert.
- Du bist gar nicht so schlecht.
- Du darfst ruhig mal müde sein, verwirrt sein, ärgerlich sein …
- Es ist völlig okay, … zu wollen,
- und tausend andere Möglichkeiten mehr.

Sonden sind Experimente und können Gefühle auslösen, und es kann gut sein, diesen Gefühlen nachzugeben. Beispielsweise mag die Sonde »Du darfst ruhig traurig sein« jemanden weinen lassen. Oder die Sonde »Du darfst dich freuen« kann jemanden dazu bringen, zu lächeln oder sich zu entspannen oder ebenfalls traurig zu werden, weil er eine solche Botschaft lange Zeit vermisst hat. Solche Reaktionen zeigen zudem, dass die Sonde vom Körper aufgenommen wurde.

Wenn die Übung in Ruhe und sorgfältig gemacht wird,

kann man durch sie in einen tiefenentspannten Zustand versetzt werden. Ich spreche deshalb von einer Selbsthypnose, die hilft, positive Botschaften zu verinnerlichen und in sein Selbstbild aufzunehmen.

Übung 4: Sonden senden und sich damit selbst hypnotisieren

In dieser Übung befassen Sie sich nicht explizit mit dem Inneren Kind. Es ist aber implizit in der Übung enthalten.

Ausgangspunkt
Die Übung bietet sich beispielsweise an:

- wenn man nicht weiß, was mit einem los ist.
- wenn man nicht weiß, was einem jetzt guttun würde.
- wenn man sich in einer Krise befindet.
- wenn einem Kraft fehlt.
- wenn man entdeckt, dass man eine ablehnende Haltung gegenüber sich selbst einnimmt.

Schritt 1: Den Körper spüren
- Setzen oder legen Sie sich hin, schließen Sie die Augen und spüren Sie für einige Minuten Ihren Körper.
- Formulieren Sie Sätze, die anfangen mit: »Ich spüre ...« oder »Ich fühle ...« Wenden Sie Ihre Aufmerksamkeit diesem Zustand zu, ohne ihn verändern zu wollen.

Schritt 2: Sonden finden
- Hören Sie nun in sich hinein. Wenn jetzt in diesem Moment jemand eine Botschaft aussprüche, die Ihnen *körperlich* guttut, wie würde diese lauten? Schreiben Sie diese Botschaft auf.

- Dann schließen Sie wieder die Augen und sprechen sich mit dieser Botschaft und Ihrem Vornamen an: »Petra/ Peter, du ...«
- Nehmen Sie jetzt wahr, wie Ihr Körper auf die Sonde reagiert. Fühlt sie sich gut an? Nimmt Ihr Körper sie auf? Lehnt er sie ab?

Schritt 3: Korrektur und zentrale Botschaft

- Formulieren Sie passendere Sonden, probieren Sie verschiedene Varianten aus, bis Sie so etwas wie eine zentrale Botschaft für die gegenwärtige Lage gefunden haben. Sprechen Sie diese Botschaft mehrfach und in Ruhe und mit der passenden Betonung aus. Reden Sie in einem Ton, der gut für Sie ist.
- Dann genießen Sie den guten Zustand eine Weile und formulieren Sie dann eine weitere Botschaft, die Ihnen *jetzt* guttut. Sprechen Sie auch diese Botschaft mehrfach und in Ruhe und mit der passenden Betonung aus.
- Wiederholen Sie die letzten Schritte mehrmals über einen Zeitraum von zehn Minuten.
- Genießen Sie den guten Zustand, der durch die letzten Sonden entstanden ist.

Integration

Nach der Übung schreiben Sie auf:

- Was ist mir klar geworden?
- Was habe ich über meinen Zustand erfahren?
- Welche Bedürfnisse sind mir klarer geworden?
- Wie wirkt sich das auf mein Verhältnis zu mir aus?

Wie alle Übungen ist auch diese Übung keine Einmalveranstaltung. Wiederholen Sie diese Übung von Zeit zu Zeit, dann wird sich das positiv auf Ihre Haltung zu sich selbst auswirken.

Kapitel 11

Mit Ängsten umgehen

Ängste sind eine Art Lebensversicherung, sie sind »Programm«. Wenn ein Kind ein Programm mit auf die Welt bringt, dann handelt es sich um das Überlebensprogramm. Der Wille zu überleben scheint in die Gene eingeschrieben zu sein. Ihm wird alles untergeordnet.

Was braucht es zum Überleben, womit nicht nur körperliches, sondern auch psychisches Überleben gemeint ist? Hierzu möchte ich vier Bedingungen nennen, die für ein Kind erfüllt sein müssen: Da wären die grundlegenden körperlichen Bedürfnisse nach Nahrung und Wärme. Die physische Unversehrtheit/Sicherheit des Kindes muss gewährleistet sein. Das Kind braucht Liebe, Zuwendung und psychische Nähe. Und das Kind muss in seiner Entfaltung unterstützt werden.

Ein Kind begreift instinktiv, dass alles, was die Erfüllung seiner grundlegenden Bedürfnisse gefährdet, auch sein Überleben zu gefährden scheint. Dann werden Ängste ausgelöst und das jeweilige Überlebensprogramm wird aufgerufen. *Insofern kann man Ängste als Aufforderungen zum Handeln begreifen.* Eine Angst sagt: Du bist in Gefahr, tu etwas dagegen!

Was kann ein Kind tun, um in diesem Sinne für sich zu sorgen? Kann es überhaupt etwas tun, oder ist es nicht vollständig auf seine Umgebung angewiesen? Nicht ganz. Ein Kind hat durchaus Möglichkeiten, für sein Überleben mit zu sorgen. Als Säugling kann es durch Schreien auf seine körperlichen Bedürfnisse hinweisen. Als Kleinkind kann es für seine Sicherheit sorgen, indem es versucht, bestimmte Situationen zu ertragen, oder indem es sich vom Erleben innerlich abtrennt. Das kleine Kind kann sich an die Erwartungen der Erwachsenen anpassen und so für Zuwendung sorgen. Als Kind kann es für seine Selbstbehauptung sorgen, indem es sich gegen die Erwachsenen auflehnt. Und als Jugendlicher kann es unerträglichen Lebenssituationen entkommen, indem es sich in Süchte flüchtet.

Die Handlungsaufforderungen, die von Ängsten diktiert werden, lauten je nachdem: Schreie, ertrage, schalte ab, passe dich an, lehne dich auf oder lenke dich ab. Diese grob zusammengefassten Handlungsoptionen stehen jedem Kind zur Verfügung, und je nach seiner Umgebung und seiner eigenen Verfassung wird es mal die eine, mal die andere anwenden. Aber natürlich ist es mit einer relativ konstanten Umgebung konfrontiert, und daher bilden sich bestimmte Muster als Reaktion auf tatsächliche oder scheinbare Gefährdungssituationen heraus. Diese Muster sind beim späteren Erwachsenen entsprechend ausgeprägt.

Kontrollieren. Erwachsene versuchen, für ihre *Bedürfnisse* zu sorgen, indem sie ihre Umgebung manipulieren. Manipulation meint hier nichts Verwerfliches, sondern den Versuch, andere zu einem bestimmten Verhalten zu veranlassen. Das geht, indem man sie bedroht oder befürsorgt. Tyrannei (Bedrohung) und Überfürsorge (Bemutterung) sind zwei grundlegenden Strategien, um andere den eigenen Bedürfnissen unterzuordnen. Tyrannei geht dabei direkt und massiv vor, Bemutterung sorgt dafür, dass andere sich schuldig und verpflichtet fühlen.

Zurückziehen/Angreifen. Erwachsene sorgen im Bedrohungsfall für ihre *Sicherheit*, indem sie sich verschließen oder flüchten. Sie halten mit ihren Meinungen hinter dem Berg, ziehen sich in ein Schneckenhaus zurück oder verlassen bedrohliche Situationen innerlich. Eine weitere Möglichkeit, für Sicherheit zu sorgen, ist die Verteidigung durch Angriff.

Anpassen. Erwachsene versuchen, durch Beschwichtigung oder Unterordnung für verlässliche Beziehungen und *Zuwendung* (Liebe) zu sorgen. Sie nehmen sich zurück, passen sich an, finden das, was andere ihnen antun, nicht so schlimm oder nehmen es hin.

Auflehnen. Erwachsene kämpfen durch Rebellion und Auflehnung für ihre *Selbstentfaltung*. Eine Rebellion muss nicht offen stattfinden, sie kann ebenso in Manier von Untergrundkämpfern durchgeführt werden. Dann ist es nicht aktiver, sondern passiver Widerstand.

Ablenken. Eine Möglichkeit, unerträglichen Umständen zu entkommen und bessere Zustände herbeizuführen, besteht darin, sich in eine Sucht zu flüchten. Das geht am einfachsten durch Medikamente, Alkohol oder andere Suchtmittel. Eine Sucht bringt einen weg – zumindest für eine kurze Zeit.

Jeder dieser Handlungsmöglichkeiten – kontrollieren, zurückziehen, angreifen, anpassen, auflehnen, ablenken – stellt einen Versuch dar, gegen Ängste anzugehen. Die Frage für einen Erwachsenen ist allerdings, ob in seiner Welt tatsächlich eine Bedrohung besteht. In sehr vielen Fällen besteht sie nur vermeintlich, und zwar aus dem bekannten Grund, dass bestimmte Situationen auf die gleiche Weise gedeutet werden, wie das damalige Kind es tat.

Angstabwehr

In Deutungs- und Reaktionsmustern, die der Angstabwehr dienen, kann man ein Leben lang gefangen sein. Das hat Folgen. Dazu gehören Stress und die Angst, die Angstabwehr nicht aufrechterhalten zu können. Und natürlich gehören die schon beschriebenen Einschränkungen individueller Möglichkeiten dazu. Wer kontrollieren muss, kann schlecht loslassen, wer sich zurückziehen muss, kann sich schlecht zeigen, wer sich anpassen muss, kann sich schlecht behaupten, wer sich auflehnen muss, kann schlecht vertrauen und wer sich ablenken muss, kann seine Lebenssituation nicht gestalten.

Allgemein werden Ängste klassifiziert und Menschen, die Ängste haben, in Typen eingeordnet. Für die Behandlung psychischer Krankheiten mag das sinnvoll sein, aber für den selbstverantwortlichen Umgang mit dem Inneren Kind ist das völlig unnötig. Um eigenen Ängsten auf die Spur zu kommen, genügt es, einen jeweils hervortretenden Verhaltenszwang zu identifizieren beziehungsweise an einem konkreten Problem oder Leid anzusetzen. Denn Verhaltenszwänge schaffen früher oder später Leid. Ein Verhaltenszwang sagt: »Ich muss ...« und sagt damit gleichzeitig: »Ich darf nicht ...«

Die treibende Angst hinter dem Verhalten lässt sich über die befürchtete Konsequenzfrage »Sonst ...?« aufspüren. Wie in den vorangegangenen Beispielen illustriert, sagt beispielsweise jemand: »Ich muss mir das von meinem Partner gefallen lassen, *sonst* werde ich verlassen« oder »Ich muss mich wehren, *sonst* werde ich unterdrückt« oder »Ich muss mich verschließen, *sonst* werde ich niedergemacht.«

Diffuse Ängste um die eigene Identität

Massive Ängste, wie sie durch das Einbrechen des Inneren Kindes in das Erwachsenenleben entstehen, sind relativ leicht zu erkennen. Wer den Partner oder den Arbeitsplatz oder sonst etwas für ihn Wichtiges verloren hat, dessen Angst liegt offen. Anders verhält es sich mit diffusen Ängsten. Gemeint sind Ängste, bei denen nicht einfach zu erkennen ist, was der Betreffende eigentlich befürchtet. Dennoch steht er unter einem Handlungsdruck oder Handlungszwang. Dazu einige Beispiele:

- Eine Frau will mit ihrem Mann ins Theater gehen. Sie zieht ein schönes Kleid an, aber dann kleckert sie einen kleinen Tropfen Kaffee darauf. Es gelingt ihr, den Fleck zu entfernen, zumindest kann ihr Mann ihn nicht mehr erkennen. Aber sie weigert sich dennoch, aus dem Haus zu gehen. Sie sagt: »*So kann ich mich doch nicht sehen lassen.*«
- Ein Mann hat damit gerechnet, befördert zu werden. Doch dann wird ein anderer auf den Posten gehievt. Der Mann erzählt seiner Frau nichts. Er begründet das mit den Worten: »*Was soll sie von mir halten?*«
- Eine Frau hält ihre Wohnung blitzblank. Sie lässt nichts herumliegen, und wenn nicht alles perfekt aufgeräumt ist, empfängt sie keinen Besuch. Sie erklärt sich das so: »*Ich bin eben so, bei mir muss es ordentlich sein.*«
- Ein Mann joggt regelmäßig, obwohl er erste Kniebeschwerden entwickelt und entgegen der Empfehlung seines Arztes. Er begründet dies mit den Worten: »*Ich bin noch zu jung, um mich auf die Couch zu setzen.*«

Was steckt hinter solchen Verhaltensweisen? Es kann nicht die Angst vor konkreten Nachteilen sein. Schließlich wird niemand, der einen kleinen Fleck auf dem Kleid hat, aus dem Theater geworfen und niemand zeigt mit Fingern auf ihn. Wer nicht befördert wird, dem wird die Ehefrau nicht weglaufen. Wer ein Kleidungsstück auf dem Stuhl liegen hat, den wird niemand für einen Messi halten und aus dessen Haus wird niemand flüchten. Und wer nicht mehr joggen kann, muss deshalb nicht auf Sport verzichten und sein Leben auf der Couch verbringen.

Hinter den beschriebenen Verhaltensweisen und damit hinter diffusen Ängsten steht die Angst vor dem *Verlust der eigenen Identität*. Man will bleiben, wer man zu sein glaubt. Man hat ein bestimmtes Bild von sich und will es aufrechterhalten, nicht nur vor den anderen, sondern auch und vor allem vor sich selbst. Man will sich nicht lächerlich machen, nicht schwach erscheinen, keine Angriffsfläche bieten.

Der Versuch, die eigene Identität unverändert zu erhalten, ist auf Dauer natürlich vergebens. Schließlich ändert sich alles. Man wird älter, der Gesundheitszustand ändert sich, der Freundeskreis ändert sich, die sozialen Bedingungen ändern sich. Vor allem aber steht fest: »Die anderen« sind heute andere, als sie es in der Kindheit waren, zu einer Zeit, als die Vorstellung von sich selbst gebildet wurde.

Insofern kämpft jemand, der diffusen Zwängen und Ängsten erliegt, gewissermaßen gegen Gespenster. Erst wenn er sich seine Ängste eingesteht und sie hinterfragt, ergeben sich Möglichkeiten, die betreffenden Verhaltenszwänge abzulegen und zu mehr Lebensqualität und innerer Freiheit zu gelangen.

Sich Ängste eingestehen

Jeder hat bestimmte Ängste, aber es ist nicht unbedingt einfach, sich das einzugestehen, weil es sich dabei um Schutzstrategien handelt. Man muss erst merken, dass die Ängste und die damit verbundenen Verhaltenszwänge einem schaden.

Sich Ängste einzugestehen geht damit einher, sich Zwänge einzugestehen. Unter Zwängen – oder milder ausgedrückt: unter Druck oder Anforderungen – steht jeder Mensch. Ohne Ausnahme. Denn Ängste und Befürchtungen haben eine Aufgabe. Sie liefern wichtige Handlungsmotive dafür, etwas Bestimmtes zu erreichen und etwas anderes zu vermeiden. Wer beispielsweise ein großes Haus bauen muss, befürchtet womöglich, sich sonst nicht entfalten zu können. Wer unbedingt eine Familie gründen muss, befürchtet wahrscheinlich, sonst keine Geborgenheit zu finden. Wer sich vorgenommen hat, berühmt zu werden, hat meist Angst, sonst in Bedeutungslosigkeit zu versinken. Wer sich vorgenommen hat, reich zu werden, fürchtet, sonst machtlos und angewiesen zu sein.

Insofern ist unsere Gesellschaft zu großen Teilen von Ängsten bestimmt, denn hinter dem Drang nach Reichtum (es kann nie genug sein) und Macht (je mehr, desto besser) verbergen sich scheinbar sinnvolle Lebensziele. Doch in Wirklichkeit handelt es sich um Zwänge, die auf Ängsten gründen. So erzählt ein Mann, er habe sich vorgenommen, der größte Gastronom seiner Stadt zu werden. Er arbeitet hart an diesem Ziel. Aber wozu soll das gut sein, was verspricht er sich davon? Zweifellos will er beweisen, fähig zu sein und er will Anerkennung erhalten und er hat Angst vor Ablehnung und Spott. Möglich ist, dass er sein Ziel erreicht, aber nur Neid und Missgunst erntet. Möglich ist auch, dass er sein Ziel nie erreichen wird und vor sich selbst als Versager dasteht. Jedenfalls setzt er sein Leben dem Dauerstress eines harten Konkurrenzkampfes aus.[6]

Ängste gehören untrennbar zu jedem Leben dazu. Es hat also keinen Sinn, sie ein für alle Mal loswerden zu wollen. Angstfreiheit ist ein Idealzustand, von dem Menschen träumen, die Angst vor ihren Ängsten haben. Es ist nichts Falsches an Ängsten. Es kommt allein auf das *Ausmaß* der Ängste und des zwanghaften Verhaltens an. Etwas zu tun kann erfüllend sein. Etwas *tun zu müssen* aber, weil man unbestimmten Befürchtungen vorbeugen will, kann das Leben zerstören.

Ängste behalten ihre Macht, wenn man sie ignoriert. Viele tun das, indem sie Zwänge vor sich tarnen. Dann sagt jemand beispielsweise: »Ich *muss* das ja gar nicht tun« und beteuert: »Ich *will* das tun«, oder sogar: »Es macht mir Spaß, das zu tun.« Ob es tatsächlich so ist, diesbezüglich kann sich jeder bei seinen Problemen und Sehnsüchten erkundigen und hoffen, dass sich diese irgendwann nicht mehr verdrängen lassen.

Wenn jemand unter permanentem Verhaltensdruck oder -zwang steht und das rechtfertigt, ist meist der Dunkle Erwachsene am Werk. Man hält sein Verhalten für vernünftig und zwingt sich dazu. So erschafft man ein Dunkles Kind, einen freudlosen oder schmerzlichen Gefühlszustand.

Mit Ängsten umzugehen bedeutet daher, am Dunklen Erwachsenen und dem Dunklen Kind anzusetzen. Mit etwas umgehen meint nicht, es loszuwerden, sondern es anzuerkennen und an die Hand zu nehmen. Es meint nicht, dem Kind etwas einreden und ihm seine Ängste ausreden zu wollen. Man muss vielmehr darauf eingehen und das

Kind dort abholen, wo es ist. Dann kann man nach Wegen suchen, es zu einem Hellen Kind werden zu lassen.

Übung 5: Zwänge und Ängste erkennen

Ängste verlieren an Macht, wenn man sie sich eingesteht und erforscht. Darum geht es in den folgenden Übungen. In dieser ersten Übung sollen Sie die Triebkräfte hinter vagen Ängsten klarer erkennen lernen. Schreiben Sie wie bei den anderen Übungen auch alles auf.

Ausgangspunkt
Stress, Unsicherheit, Befürchtungen, zwanghaftes Verhalten etc.

Schritt 1: Der Erwachsene
- Stellen Sie fest, was Sie glauben, tun oder erreichen oder schaffen zu müssen. Es kann sich um ein Ziel handeln, das zu erreichen Sie anstrengt. Schreiben Sie auf: »Ich muss …, sonst …«
- Finden Sie überzeugende Argumente, warum Sie das Ziel erreichen müssen und schreiben Sie diese auf.

Schritt 2: Das Kind
- Stellen Sie sich vor, Sie würden dem Kind, das Sie einmal waren, diese Ziele vorgeben.
- Sprechen Sie die Argumente dazu aus und wiederholen Sie diese öfter.
- Nehmen Sie wahr, wie sich das Kind fühlt, wenn es das hört. Wie reagiert es? Was machen die Argumente mit ihm?
- Wie alt fühlt sich das Kind?

Schritt 3: Einwände des Kindes
- Geben Sie dem Kind jetzt Gelegenheit, Einwände zu erheben. Diese sind emotional, nicht vernünftig. Hören Sie genau hin, welche Einwände das Kind gegen Ihre Argumente hat.
- Fragen Sie das Kind, worum es *ihm* geht, was *es* für wichtig hält. Schreiben Sie diese anderen Ziele auf.

Schritt 4: Auf das Kind eingehen
- Wenn Sie das Kind mit dem Herzen anschauen: Auf welche seiner Einwände möchten Sie eingehen? Finden Sie Worte dafür.
- Welches Versprechen, welchen Vorschlag können Sie dem Kind machen? Sprechen Sie diesen aus.
- Nehmen Sie wahr: Wie reagiert das Kind darauf?
- Was wünscht es sich noch von Ihnen? Lassen Sie das Kind wieder sprechen.

Integration
- Was haben Sie über Ihre Ängste und über Ihre Bedürfnisse erfahren?
- In welcher Weise wollen Sie diese mehr oder besser berücksichtigen?

Wenn Sie diese Übung von Zeit zu Zeit machen, beispielsweise dann, wenn Sie den Druck von Befürchtungen spüren, können Sie mehr Klarheit darüber gewinnen, was Ihnen Angst macht. Manche dieser Ängste sind selbst gemacht, sie resultieren aus einst erworbenen Sichtweisen. Andere Ängste haben einen realen Bezug zum heutigen Leben. Um sie geht es in der nächsten Übung.

Übung 6: Ängste berücksichtigen

Wer Ängste hat und sich diesen nicht zuwendet, vor dem türmen sie sich auf. Dann schiebt man einen Berg Ängste vor sich her, und das ist sehr belastend und erschöpfend. Da kann es helfen, seine Ängste zu sortieren. Diesem Zweck dient die nächste Übung. Schreiben Sie wie immer alles in Ihr Notizbuch.

Ausgangspunkt
Sie haben festgestellt, unter Ängsten/Sorgen zu leiden, die Sie nicht loswerden. Vielleicht verbirgt sich in diesen etwas Wichtiges, auf das Sie eingehen müssen.

Schritt 1: Ängste ausbreiten
- Machen Sie sich Ihre Sorgen klar. Welche Befürchtungen und Ängste machen Ihnen das Leben schwer?
- Erkennen Sie an, dass Sie diese Ängste haben, auch wenn Sie bei näherer Betrachtung glauben, sie nicht haben zu müssen.
- Sortieren Sie diese Ängste in der Reihenfolge ihrer Bedeutung; die stärksten notieren Sie oben auf der Liste.

Schritt 2: Ängste erforschen
- Nehmen Sie sich die stärkste Angst vor. Spielen Sie gedanklich die Konsequenzen durch, die Sie befürchten. Die leitende Frage lautet: »Wenn das Befürchtete geschieht, was ist dann?«
  Beispielsweise: »Wenn ich meinen Job verliere, dann kann ich die Miete nicht zahlen.« Und was ist dann? »Dann muss ich auf der Straße leben.« Und was ist dann?
- Verfolgen Sie die befürchteten Konsequenzen durch die Antwort auf die immer gleiche Frage »Und was ist dann?«

bis zu einem Endpunkt. Lassen Sie sich Zeit und folgen Sie den Befürchtungen, lassen Sie relativierende Gedanken, also »Vernünftiges« außer Acht. Es geht um Emotionen.
- Fassen Sie die endgültige Befürchtung in einem Satz zusammen und schreiben Sie diesen auf.

Schritt 3: Reale Ängste berücksichtigen
- Lesen Sie diesen Satz vor. Stellen Sie sich vor, ein Kind (Ihr Kind) hätte diesen Satz gesagt. Wie alt ist dieses Kind?
- Antworten Sie dem Kind als Erwachsener, aber: als Heller, liebevoller, verständnisvoller, zugewandter Erwachsener.
- Erkennen Sie an, welche Ängste Sie für real halten.
- Erklären Sie dem Kind, wie Sie diese Ängste berücksichtigen werden.
- Erklären Sie ihm, welche anderen Möglichkeiten als die befürchteten es gibt und vermitteln Sie ihm Zuversicht.
- Nehmen Sie wahr, wie das Kind sich jetzt fühlt.

Integration
- Was ist Ihnen über Ihre Ängste klar geworden?
- Wie können Sie Ihre Ängste berücksichtigen, ohne sich davon verrückt machen zu lassen?

Ängste gehören zu den zähesten Selbstverteidigern, auch wenn sie im Erwachsenenleben zum großen Teil keine reale Berechtigung haben. Man wird sie nur allmählich relativieren und besänftigen. Unter bestimmten Umständen werden sie aufwallen und dann entmutigend und bedrückend wirken. Wie sie sich dann besänftigen lassen, damit befasst sich die nächste Übung.

Übung 7: Aufwallende Ängste besänftigen

Ausgangspunkt

Diese Übung dient dem Umgang mit intensiveren Ängsten, also solchen, die nicht vage und diffus, sondern klar erkennbar sind.

Schritt 1: Das Kind sprechen lassen

- Nehmen Sie wahr, wie Sie sich fühlen. Welche Ängste spüren Sie? Benennen Sie diese.
- Stellen Sie sich vor, diese Gefühle wären ein Kind (Ihr Kind). Welches Alter hätte das Kind?
- Fragen Sie das Kind, wie es ihm geht.
- Fragen Sie das Kind, was es braucht.
- Hören Sie den Antworten genau zu und schreiben Sie diese auf.

Schritt 2: Das Kind halten

Dieses Kind braucht Sie. Vermitteln Sie ihm nun das Gefühl, verstanden und gehalten zu sein.

- Machen Sie dem Kind *konkrete* Angebote in Bezug auf seine Bedürfnisse.
- Nehmen Sie wahr, welche Ihrer Aussagen dem Kind guttun. Wiederholen Sie diese Aussagen.
- Machen Sie dem Kind ein verbindliches Versprechen. Das Versprechen sollte beinhalten, was Sie tun, wann Sie dies tun und wie.

Schritt 3: Zuversicht vermitteln

- Worüber freut sich das Kind? Was wirkt stärkend?
- Was wünscht es sich noch von Ihnen? Was fehlt?
- Wie können Sie darauf eingehen? Sagen Sie es dem Kind.

Integration
- Was haben Sie über Ihre gegenwärtigen Bedürfnisse herausgefunden.
- Was beruhigt Sie?
- Was werden Sie wann konkret für sich tun?

Mit meinen Ausführungen will ich nicht sagen, dass man Ängste ein für alle Mal loswerden kann oder versuchen sollte, das zu tun. Aber man kann lernen, mit ihnen umzugehen, man kann sie sozusagen an die Hand nehmen. Und dann ist man immer ein Stück größer als die Angst.

Kapitel 12

Sehnsüchte ausbreiten

Verhaltenszwänge und Ängste schränken ein und lassen dadurch ganz von selbst Sehnsüchte entstehen. Dieser Mechanismus ist unvermeidbar. Wer ein von Zwängen bestimmtes Leben führt, der fängt zu träumen an. Damit meine ich keine nächtlichen Träume, sondern Tagträume, Lebensträume oder Lebenspläne. Dazu einige Beispiele:

- Ein Klassiker bei solchen Träumen ist die Aussage: »Wenn ich erst mal in Rente bin, dann ...« Was dann? »Dann fange ich an zu leben, dann tue ich alles, was ich jetzt nicht tun kann. Dann lasse ich es mir gut gehen.«
- Jemand hatte in seinem Unternehmen über viele Jahre hinweg Kundenkontakt. Dann wird er aus irgendwelchen Gründen in die Registratur versetzt. Dort langweilt er sich zu Tode und sehnt sich nach Kontakten zu anderen Menschen. Er entwickelt die Vorstellung, eine Umschulung zum Sozialarbeiter zu machen.
- Jemand ist durch Arbeit und Familie ziemlich gestresst. Da er schlecht Grenzen ziehen, also schlecht Nein sagen kann, träumt er davon, eine Auszeit zu nehmen und sich für einige Monate in ein Kloster zurückzuziehen, an einen Ort, wo völlige Ruhe herrscht.
- Eine momentan durch TV-Formate bekannt gemachte

Sehnsucht ist die vom Auswandern. Menschen sehnen sich in andere Umgebungen, in andere Länder und andere Zusammenhänge. Dort, so glauben sie, wären sie von vielen Zwängen ihres gegenwärtigen Lebens befreit.

Die Beispiele zeigen: In den jeweiligen Plänen, Träumen oder Sehnsüchten wird die Erfüllung *gegenwärtiger* Bedürfnisse in die Zukunft verlagert. Somit sagt die Sehnsucht weniger über die Zukunft aus als über die Gegenwart. Eine Sehnsucht entsteht in konkreten Situationen, in einer jetzt empfundenen Enge, einem jetzt empfundenen Zwang; und daher sind die geschilderten Sehnsüchte nur aus der jeweiligen konkreten Lebenssituation heraus nachvollziehbar. Sie sollen ein gegenwärtiges Bedürfnis erfüllen. In den geschilderten Beispielen war dies das Bedürfnis nach Lebensgenuss, nach Kontakten und Lebendigkeit, nach Ruhe, nach einem unbeschwerten Leben in der Ferne.

Insofern sind Zukunftsträume problematisch, wenn man sie eins zu eins nimmt. Denn selbst wenn man die ersehnte Zukunft erreicht, ist keineswegs eine automatische Erfüllung bestimmter Bedürfnisse garantiert. Zudem kann sich, wenn man sein Zukunftsvorhaben schließlich umgesetzt hat, die eigene Bedürfnislage vollständig verändert haben, oder die Realität des Erträumten stellt sich anders als ausgemalt dar. So mag der Rentner, der ein lebendiges Leben wollte, im Alter gesundheitlich eingeschränkt sein. Der Sozialarbeiter mag feststellen, dass Kontakte zu seiner Klientel für ihn belastend und nicht anregend sind. Im Kloster ist es nicht nur ruhig, sondern auch einsam, und die Auswanderer stellen fest, dass das Leben im Traumland oft noch schwieriger ist als hier.

Bei Sehnsüchten geht es meist nicht um das tatsächliche Ziel der Sehnsucht. *Sondern um das, was man sich vom Er-*

reichen des Ziels verspricht. Es geht um einen bestimmten Lebenszustand. Es geht um Lebendigkeit, Kontakt, Ruhe, Verbundenheit, Gelassenheit, Unbeschwertheit, Sicherheit, Geborgenheit oder andere ersehnte Zustände.

Aber warum wird die Erfüllung des jeweiligen Bedürfnisses vom Unbewussten in die Zukunft projiziert? Und warum teilen sich gegenwärtige Bedürfnisse nicht einfach gedanklich mit, warum kleiden sie sich in Bilder und emotional durchtränkte Fantasien? Weil dem Bedürfnis in der Gegenwart kein Platz zugestanden wird. Die Gegenwart ist von Enge geprägt. In der Gegenwart herrscht der Dunkle Erwachsene, dessen Dominanz das Dunkle Kind erschafft. In der Gegenwart »muss man …« und »darf man nicht …«. Das bereitet einen fruchtbaren Boden für Sehnsüchte.

In seinen Sehnsüchten und Lebensträumen malt sich das Dunkle Kind ein besseres Leben aus, träumt es sich in einen glücklicheren Zustand. Wer sich mit Sehnsüchten befasst, sollte das wissen. Denn dann kann er herausfinden, welchen Zustand er sucht und welche Bedürfnisse nach Erfüllung streben – und zwar in der Gegenwart.

Wie findet man das heraus? Indem man sich in die Sehnsüchte hineinbegibt, ihnen auf den Grund geht. Wer seine Sehnsüchte besser versteht, der versteht auch seine gegenwärtigen Probleme besser und kann dort ansetzen, anstatt bloß von einem schöneren Leben zu träumen. Die folgenden Übungen dienen dem Erforschen von Sehnsüchten.

Übung 8: Sehnsüchte anschwellen lassen

In dieser ersten Übung geht es darum, die eigene Lage in der Vorstellung zu verschlimmern. Damit wird quasi das Dunkle Kind erschaffen und es wird deutlicher, aus welchen gegenwärtigen Zusammenhängen heraus eine Sehnsucht entsteht. Schreiben Sie wie immer alles in Ihr Notizbuch.

Ausgangspunkt
Sie wollen bestimmte Sehnsüchte/Lebensträume besser verstehen und den Bedürfnissen näherkommen, die dahinterstehen.

Schritt 1: Die Belastungen
- Stellen Sie fest, wie es Ihnen gegenwärtig geht. Was belastet Sie? Unter welchem Druck, unter welchen Zwängen stehen Sie?
- Wie fühlen Sie sich damit?
- Stellen Sie sich vor, ein Kind (Ihr Kind) hätte diese Gefühle. Wie alt wäre es?

Schritt 2: Das Dunkle Kind erschaffen
- Was müssten Sie dem Kind zumuten, damit es sich noch schlechter fühlt? Beschreiben Sie die entsprechenden Handlungen ganz konkret und detailliert. Treiben Sie Erwartungen und Forderungen an das Kind etwas auf die Spitze. Schließlich soll die Lage verschlimmert werden! (Beispielsweise: »Du sollst nicht dauernd müde sein, du musst dich zusammenreißen, streng dich an, wir müssen noch dieses und jenes tun oder erreichen!«)
- Wie geht es dem Kind jetzt? Formulieren Sie *als Kind* in klaren Sätzen, wie Sie sich fühlen: »Ich fühle mich ...«, »ich bin jetzt ...«

Schritt 3: Die Sehnsucht

- Lassen Sie das Dunkle Kind sagen, wonach es sich in seinem Zustand sehnt. Sprechen Sie dies ebenfalls detailliert aus. (Beispielsweise: »Ich möchte nicht immer so früh aufstehen«, »ich sehne mich nach ...«)

Schritt 4: Bedürfnisse

- Nehmen Sie das Kind mit dem Herzen wahr: Welche Bedürfnisse sind durch die Verschlimmerung der Situation deutlicher geworden?

Integration

- Wie stehen Sie diesen Bedürfnissen gegenüber?
- Wie können Sie diesen Bedürfnissen konkret im Alltag besser gerecht werden?

Die Übung dürfte etwas deutlicher gemacht haben, welche Bedürfnisse sich hinter Ihren Sehnsüchten verbergen. Allein durch diese Bewusstwerdung dürften sich die Chancen erhöhen, diese Bedürfnisse schon jetzt besser bedienen zu können und ihre Erfüllung nicht auf irgendwann zu verschieben.

In der nächsten Übung geht es darum, noch etwas tiefer in Ihre Zukunftsvorstellungen oder in die mit einer Sehnsucht verbundenen Empfindungen einzusteigen. Mit dem Ziel, den Kern Ihrer Sehnsüchte freizulegen, die eigentlich gesuchten/erträumten Lebenszustände zu erkennen.

Dabei gilt: Eine »Sehnsucht nach ...« ist ein emotionales oder körperliches Signal; man kann eine Sehnsucht fühlen und spüren, man kann sie als Botschaft des Unbewussten begreifen. Diese emotional oder körperlich gesendeten Botschaften sind alles andere als vernünftig. Sie sind meist sogar äußerst unvernünftig und oft völlig unrealistisch, denn nur so können sie die Kontrolle des Verstands passieren.

Daher fällt es vielen gar nicht so leicht, sich vorzustellen, wie es wäre, wenn eine Sehnsucht erfüllt würde. Für eine solche Fantasie muss man sich einiges trauen, und man darf sich für seine Vorstellungen nicht schämen. Beispielsweise hatte einer meiner Klienten die Fantasie, jeden Morgen nicht vom Wecker geweckt, sondern von jemandem wach massiert zu werden. Er fand die Vorstellung einerseits zwar toll, andererseits aber auch vermessen und war irritiert, über solche Bedürfnisse zu verfügen.

Weil es in der Übung aber nicht um eine Wertung geht, sollten Sie sich einfach unverschämt schöne Fantasien gestatten, egal, ob sie materieller oder immaterieller Art sind.

Übung 9: Sehnsüchte ausbreiten

Geben Sie sich bei dieser Übung frei von Tabus und Verboten den schönsten Vorstellungen hin und schwelgen darin. Es geht darum, dem Inneren Kind die Erlaubnis zu träumen zu geben.

Ausgangspunkt
Eine Sehnsucht, die Raum einnimmt, die quält oder von der man sogar besessen ist.

Schritt 1: Die Sehnsucht
- Formulieren Sie die Sehnsucht in klaren Worten: »Ich sehne mich danach …«, »ich wünsche mir …«, »ich würde/hätte so gern …«

Schritt 2: Die Sehnsucht erfüllen

- Stellen Sie sich im nächsten Schritt vor, diese Sehnsucht wäre bereits vollständig erfüllt und Sie lebten in den erträumten Umständen.
- Beschreiben Sie, was sich wie erfüllt hat. Sprechen Sie nicht in der Möglichkeitsform. (»Wenn dieses oder jenes geschehen wäre, dann wäre ich …/dann würde ich…«), sondern in der Gegenwartsform: »Ich bin …«, »ich habe …« Das ist sehr wichtig.
- Beschreiben Sie exakt, konkret und detailliert, wo Sie sind, was Sie tun und erleben, was Sie nicht müssen, was Sie dürfen …
- Übertreiben Sie ruhig ein wenig und nehmen Sie sich ausreichend Zeit für diese Fantasie.

Schritt 3: Der gesuchte Zustand

- Beantworten Sie *als Kind* jetzt folgende Frage: »Wenn alles so ist wie in meiner Fantasie, was ist dann mit mir? Was erlebe ich dann? Welchen Zustand erlebe ich dann?«
- Kehren Sie in die Erwachsenenperspektive zurück und betrachten Sie das Kind liebevoll. Erkennen Sie seine Sehnsucht an.

Schritt 4: Die Wurzeln der Sehnsucht

- Wenn Sie sich als Kind nach diesem Zustand gesehnt haben, was waren damals die konkreten Umstände?

Integration

Befassen Sie sich nun mit diesen Punkten:

- Welchen Zustand ersehne ich?
- Was kann ich in der Gegenwart konkret tun, um diesen Zustand ein Stück weit zu erleben?

Wenn Sie die vorangegangenen Übungen gemacht haben, sollten Ihnen nicht nur Ihre Sehnsüchte klarer geworden sein, sondern auch die dahinterstehenden Bedürfnisse. Sie sollten erkennen können, was Sie sich vom Erreichen eines Ziels oder gar eines Lebensziels versprechen. Ob Sie diesen Zustand zukünftig nicht bloß in Ihrer Fantasie, sondern auch tatsächlich öfter erfahren, hängt von Ihrem Verhalten ab. Darum geht es im nächsten Abschnitt.

Sich etwas Neues trauen

Bedürfnisse/Sehnsüchte zu erkennen ist ein wichtiger Schritt. Ob Sie sich diese auch tatsächlich erfüllen, hängt damit zusammen, ob Sie sich etwas trauen. Etwas Neues wagen. Das hört sich vielleicht nach Mut, Abenteuerbereitschaft und dem »großen Wurf« an. Aber oft sind es kleine Dinge, kleine Verhaltensänderungen, die wesentlich zur Verbesserung der Lebenszustände beitragen. Beispielsweise indem man sich traut:

- sich öfter einmal treiben zu lassen,
- die eigene Meinung zu äußern,
- eine Herausforderung anzunehmen,
- eine Erwartung anderer zu enttäuschen,
- sich gegen jemanden durchzusetzen,
- sich einen Wunsch zu erfüllen,
- auf andere zuzugehen,
- öfter Nein zu sagen,
- oder etwas anderes Ungewohntes zu tun.

Wer etwas Neues wagen will, begegnet ganz automatisch Hemmungen oder Ängsten. Diese Hindernisse fordern ihn auf, die Veränderung zu unterlassen; sie sind in der Lage, Handlungsimpulse zu unterdrücken. Hemmungen oder Ängste reden einem ein, das Neue sei nicht so wichtig und die Gewohnheiten seien nicht so schlimm, als dass man sie gleich ändern müsse. Später sei schließlich noch genug Zeit dafür. Es scheint einfacher, sich in gewohnten Gefilden zu bewegen, aber letztlich kostet das Lebensfreude, verhindert Erfüllung und fordert damit einen hohen Preis. Dazu ein Beispiel:

Eine Frau beklagt sich über die Bequemlichkeit ihres Mannes, der im Haushalt wenig tut. Dazu befragt, sagt sie: »Ich bin auch berufstätig, da könnte er ruhig etwas mehr im Haushalt tun!«

»Warum machen Sie es dann?«

»Einer muss es ja tun!«

»Und diese Eine sind Sie?«

»Ja ...«

»Wieso eigentlich?«

Das Neue, das diese Frau tun könnte, ist keine große Sache. Sie könnte beispielsweise die Arbeit oder zumindest einen Teil davon liegen lassen, bis ihr Mann sich zugänglich erweist. Aber sie scheut den Konflikt, die Dissonanz, sie ist von Hemmungen und Ängsten behindert. Was sollen die Leute denken, wenn es in der Wohnung chaotisch aussieht? Wie wird der Mann reagieren? Doch solange sie sich zurückhält und weiter alles selbst erledigt, wird sie keine Zufriedenheit erfahren und auch keine Entlastung erleben.

Wie beengend es ist, Handlungsimpulse zurückzuhalten und wie wichtig es ist, etwas Neues zu wagen, das kann die nächste Übung verdeutlichen.

Übung 10: Ein Drehbuch der Zurückhaltung schreiben

Sie haben sich im vorigen Abschnitt mit Sehnsüchten befasst und wissen nun eigentlich, was Sie sich gerne mehr trauen würden, was Sie tun müssten, um Ihrer Vorstellung näherzukommen. Aber Sie halten sich zurück. Die Gründe für diese Zurückhaltung können oft vage sein. In dieser Übung können Sie mehr darüber herausfinden, warum Sie sich nicht trauen, oder anders gesagt, *wie* Sie sich zurückhalten. Wenn Sie die Art Ihrer Zurückhaltung erkunden, das dahinterliegende Problem besser verstehen, können Sie anschließend die Lösung genauer bestimmen. Nehmen Sie sich Zeit für die Übung, die Antworten kommen nicht immer im Sekundentakt. Schreiben Sie die Antworten in Ihr Notizbuch.

Ausgangspunkt

Es gibt Taten, über die Sie sagen können: »Am liebsten würde ich …«, »eigentlich würde ich gerne …« Machen Sie sich eine solche Tat, ein solches Verhalten klar und formulieren Sie diesen Handlungsimpuls in einem Satz.

Schritt 1: Der Handlungsimpuls

- Stellen Sie sich nun vor, ein Kind hätte diesen Handlungsimpuls und diesen Satz gesagt. Wie alt wäre dieses Kind?
- Zeigen Sie dem Kind, dass Sie seine Absichten voll und ganz erfasst haben. Beispielsweise indem Sie sagen: »Ich

weiß, du würdest am liebsten jenes lassen und dieses tun und dann ...«

Schritt 2: Den Impuls unterdrücken

- Machen Sie dem Kind jetzt klar, wieso es *nicht gut ist*, diesem Impuls zu folgen. Erklären Sie ihm die Gründe, die dagegensprechen, ausführlich.
- Machen Sie dem Kind auch klar, wozu/warum es *gut ist*, dem Impuls *nicht* zu folgen. Erklären Sie ihm auch das ausführlich.

Schritt 3: Ein Drehbuch der Zurückhaltung schreiben

Stellen Sie sich jetzt vor, jemand anderes wollte die Art von Zurückhaltung lernen, die Sie dem Kind ans Herz gelegt haben. Geben Sie demjenigen nun eine detaillierte »Anleitung zur Zurückhaltung«. Schreiben Sie das in Form eines Drehbuchs auf, also in Schritten von Schritt eins bis Schritt x. Berücksichtigen Sie in Ihrer Anleitung auch folgende Punkte:

- Schritt x: Du willst etwas tun. Formuliere das.
- Schritt x: Finde Argumente dagegen. Formuliere Gedanken, die für Zurückhaltung sorgen.
- Schritt x: Male negative Konsequenzen aus. Formuliere negative Konsequenzen bei Nichtzurückhaltung.

Integration

- Sie haben diese Übung nun gemacht. Was ist Ihnen dabei deutlich geworden?
- Welchen Preis zahlen Sie für Ihre Zurückhaltung?

Sie haben wahrscheinlich bemerkt, dass Sie in der Übung die Haltung eines Dunklen Erwachsenen einnehmen, indem Sie Lebensimpulse des Inneren Kindes hemmen. Um diese klarer zu erkennen, ist es sinnvoll, so zu tun, als ob man das, was man tut, absichtlich tut. Dadurch, dass Sie sich zur Zurückhaltung auffordern, werden die Impulse deutlicher, die gelebt werden wollen.

In der nächsten Übung geht es nun darum, die helle Seite zu stärken.

Übung 11: Das momentane Lebensmotto

In dieser Übung spielt das Innere Kind die Hauptrolle. Für Sie kommt es darauf an, sich dem Kind zuzuwenden und das anzuerkennen, was es für gut und richtig hält. Verzichten Sie also vollständig auf Bewertungen und Urteile, Ermahnungen und das Androhen von Konsequenzen, auf Besserwisserei und Kritik. Dann können Sie von der Übung sehr profitieren.

Ausgangspunkt
Sie sind irgendwie unzufrieden, gelangweilt, genervt … Sie wollen die Seite in sich stärken, die etwas Neues tun, ein Verhalten ändern möchte.

Schritt 1: Zuwendung zum Inneren Kind
- Nehmen Sie Ihre Gefühle wahr (Unzufriedenheit, Langeweile, Gereiztheit oder etwas anderes).
- Stellen Sie sich vor, Sie wären ein Kind, das diese Gefühle hat. Wie alt fühlt sich das Kind an?

Schritt 2: Fragen an das Innere Kind
Beantworten Sie nun die folgenden Fragen als dieses Kind:

- Was findest du momentan öde oder blöd in deinem Leben?
- Wozu hättest du Lust? Was würdest du alles tun, wenn es keine Hindernisse gäbe? Was davon würdest du am liebsten/als Erstes tun?
- Erzähle detailliert, wie dein Leben anders wäre, wenn du das tätest! Was würdest du erleben? Wie dich fühlen?

Schritt 3: Die Fahne

- Schlüpfen Sie nun in die Rolle des Erwachsenen, der dem Kind zugehört hat und es unterstützen will. Legen Sie ein Stück weißen Stoff (eine »Fahne«) bereit oder einen großen Bogen Papier, dazu Farbe und Pinsel.
- Fordern Sie das Kind auf, die momentane Phase seines Lebens unter ein Motto zu stellen. Wie lautet das Motto? Worum geht es? Lassen Sie das Kind das Motto in einem Wort formulieren.
- Schreiben Sie das Motto auf die Fahne/das Papier. Geben Sie dem Kind die Fahne und nehmen Sie das Kind an die Hand.
- Versprechen Sie ihm, es bei der Umsetzung seines Mottos zu unterstützen!
- Sagen Sie ihm auch, wie genau Sie das tun werden.

Integration

Befassen Sie sich anschließend mit den folgenden Punkten:

- Was bedeutet dieses Motto in Ihrem heutigen Leben?
- Was genau tun Sie, wenn Sie diesem Motto folgen?
- Legen Sie einen konkreten Zeitpunkt für die Umsetzung einer solchen Tat fest.

Die Tat, die dem Motto auf Ihrer Fahne entspricht, kann, muss aber keine große Tat sein. Jeder kleine Erfolg zählt und kann zu größerem Mut anspornen. Wenn Sie sich noch eingehender mit einer neuen Tat befassen wollen, machen Sie die nächste Übung.

Übung 12: Das Drehbuch einer Erfüllung schreiben

Nachdem Sie bereits das Drehbuch einer Zurückhaltung formuliert haben, geht es nun um das Gegenteil. Dabei verzichtet die folgende Übung auf eine Benennung der Figuren Inneres Kind oder Innerer Erwachsener. Das Innere Kind ist sozusagen implizit am Geschehen beteiligt.

Ausgangspunkt
Sie wollen sich etwas Neues trauen. Benennen Sie das Verhalten oder die Tat ganz konkret: »Am liebsten würde ich …«

Schritt 1: Die Haltung
- Stellen Sie fest: Was muss jemand (also *nicht* Sie selbst) glauben, um sich so verhalten zu können? Was muss er für wahr halten? Wovon muss er überzeugt sein?
- Stellen Sie fest: Was hält jemand für wichtig, der so etwas tut? Worauf kommt es ihm an?
- Welche Fähigkeiten und Eigenschaften zeichnen diesen Menschen aus?
- Geben Sie diesem jemand einen Namen, in dem sich dessen Haltung und Eigenschaften spiegeln. Beispielsweise »der/die Souveräne«, »der/die Aufrechte«, »der/die Gelassene« usw.

Schritt 2: Die Person am Ziel

- Versetzen Sie sich jetzt in diese Person, die zu dieser Tat fähig ist. Nehmen Sie deren Identität und Namen an.
- Schreiben Sie jetzt das schrittweise Drehbuch der erfüllenden Tat: Wie nimmt sie ihren Anfang, wie verläuft sie, wann ist sie vollbracht?»Zuerst ... dann ... und schließlich ...«
- Ein Beispiel: Die unzufriedene Hausfrau, von der oben erzählt wurde, gibt sich den Namen»Die Konsequente«. Zuerst legt sie die Wäsche des Partners auf einen Haufen. Dann kündigt sie an, diese erst dann zu bügeln, wenn er sich an sein Versprechen hält, das Bad wöchentlich zu putzen. Dann bügelt sie ihre eigene Wäsche. Sie lässt sich nicht von den Klagen und Drohungen des Mannes beeindrucken. Sie bleibt konsequent und hält Spannungen aus.
- Die Person, deren Identität Sie angenommen haben, lässt sich bei Hindernissen oder Widerstand nicht entmutigen, sondern bleibt dran. Beschreiben Sie, wie Sie mit solchen Schwierigkeiten umgehen:»Wenn dieses Hindernis auftaucht, dann ...«

Integration
- Sehen Sie sich zum Abschluss das Drehbuch der Erfüllung an.
- Was wollen Sie daraus für sich übernehmen?

Oft höre ich von Klienten, sie hätten schon»alles«ausprobiert, was möglich ist. Das ist meist nicht der Fall. Sie haben alles ausprobiert, was ihnen eingefallen ist. Es gibt immer Möglichkeiten, etwas Neues zu tun. Lassen Sie sich einfach von Ihren Sehnsüchten beraten.

Kapitel 13

Dialoge mit dem Inneren Kind führen

In den vorangehenden Abschnitten des praktischen Teils haben Sie Kontakt mit dem Inneren Kind und dem Inneren Erwachsenen aufgenommen. Sie haben sich dazu in die jeweiligen Figuren hineinversetzt, beispielsweise haben Sie sich vorgestellt, das Kind zu sein, als Kind zu sprechen oder als Erwachsener dem Kind zuzuhören. Es hat aber noch kein expliziter Dialog *zwischen* den Figuren stattgefunden. Dazu soll es jetzt kommen.

Um solche Dialoge zwischen Innerem Kind und Innerem Erwachsenen führen zu können, muss eine Voraussetzung erfüllt sein. Diese besteht in der Fähigkeit, sich selbst zu hören und zu sehen, also Abstand zu den eigenen Gefühlen und Gedanken nehmen zu können. Ist diese sogenannte Metafähigkeit aufgrund einer aktuellen Krise nicht gegeben, oder fühlen Sie sich emotional nicht stabil genug dafür, sollten Sie besser nicht in einen solchen Dialog treten. Dann ist eine therapeutische Begleitung die klügere Wahl beim Umgang mit dem Thema Inneres Kind und den damit verbundenen emotionalen Zuständen. Ansonsten kann Ihnen ein solcher Dialog hilfreiche Erkenntnisse verschaffen.

In Figuren hinein- und wieder herausschlüpfen

Lassen Sie mich zunächst die Voraussetzungen für Dialoge mit dem Inneren Kind und ihre Funktionsweise erläutern.

Es gibt einen Grund, warum in der Kindheit erworbene Überzeugungen und Wahrnehmungen so mächtig sind: weil man als Kind über relativ wenig Bewusstheit verfügte. Man konnte sich keinen Überblick verschaffen, man kam nicht mit gegenteiligen Wahrheiten in Kontakt, es fehlte die Erfahrung anderer Lebenswirklichkeiten und Verhaltensmöglichkeiten. Somit war es damals nicht möglich, die erworbenen Wahrheiten und die erlebten Zustände zu hinterfragen und zu alternativen Überzeugungen und Verhaltensweisen zu gelangen. Das ist heute anders. Heute ist es Kraft der Bewusstheit möglich, Wahrheiten und Überzeugungen als *veränderbar* zu erkennen. Aber, wie ich schon betont habe, wird dazu eine Bewusstheit gebraucht, die nicht nur Gedanken, sondern auch Gefühle und Körperzustände umfasst. Eine solche Bewusstheit kann durch die hier vorgestellten Dialoge befördert werden.

Für solche Dialoge benötigen wir Figuren. Sie stellen Persönlichkeitsteile dar, die einen Namen und eine Beschreibung erhalten haben. Die maßgebenden Figuren für unser Thema sind Inneres Kind, Innerer Erwachsener und die Weise Gestalt. Da man jede Figur wie eine eigenständige Person betrachten kann, ist es möglich, anhand von Figuren mit unterschiedlichen Persönlichkeitsanteilen Kontakt aufzunehmen, sie anzusprechen und sie zu befragen. Figuren können Antworten geben, sie können Haltungen und Verhalten zeigen, sie können wie eigenständige Menschen agieren und reagieren. Mit anderen Worten: *Figuren sind die äußeren Darsteller einer inneren Aufführung.*

In gewisser Weise läuft in unserer Psyche ein dauerndes Theaterstück. Man spricht mit sich selbst, man sieht seinem eigenen Verhalten zu, man denkt über sich nach, man entwirft Pläne (Drehbücher), man fühlt sich und spürt sich und nimmt ununterbrochen unterschiedliche Teile an sich wahr. Das ist möglich, weil das Theaterstück auf einer zumindest teilweise ausgeleuchteten Bühne stattfindet: auf der Bühne der Bewusstheit. Jeder, der sich selbst zusieht, ist gewissermaßen Zeuge einer Aufführung.

Insofern stellt auch der Dialog zwischen unseren drei Figuren eine Aufführung dar. Diese hat zwei Besonderheiten: Zum einen wird die Aufführung im Dialog von innen nach außen verlagert, von der Bühne der Bewusstheit in einen realen Raum. Zum anderen werden alle drei für unser Thema wichtigen Figuren – das Innere Kind, der Innere Erwachsene und die Weise Gestalt – von einem einzigen Darsteller verkörpert. Dieser (also Sie) muss dazu in jede Figur hineinschlüpfen und wieder aus ihr heraustreten.

Dieser Wechsel zwischen den Figuren ist immer auch mit einem Wechsel der Perspektive verbunden, einer anderen Sprache, einem anderen emotionalen Ausdruck. Der Wechsel von Nähe zu Distanz hilft beim Erkennen von Problemen und deren Relativierung. Man kann dabei in Gefühle eintauchen und wieder daraus auftauchen. Man nimmt in kurzen Abständen verschiedene Identitäten ein und strebt den Wechsel von dunklen in helle Figuren an. Man identifiziert sich und de-identifiziert sich.

Wenn Sie also einen der hier vorgestellten Dialoge machen, führen Sie ein Theaterstück auf, manchmal eine Komödie, manchmal ein Drama. Man kann das genießen und Spaß daran haben. Man kann dem Ausdruck verleihen, was ansonsten nur im Inneren abläuft und sich selbst so intensiver begegnen.

Ich werde im Folgenden zwei verschiedene Dialoge erläutern. Den *einfachen* Dialog, bei dem es genügt, die Positionen im Raum (die Seiten) zu wechseln und jede Seite zu Wort kommen zu lassen. Und den *erlebten* Dialog. Dieser stellt die »hohe Schule« der Dialoge mit dem Inneren Kind dar, indem er jede Seite über den verbalen Ausdruck hinaus zu emotionaler und körperlicher Darstellung auffordert. Ich bin mir im Klaren, dass ein solcher Dialog nicht leicht per Buch zu vermitteln ist. Daher demonstriere ich diesen Dialog und auch die anderen Übungen in einem Video-Online-Kurs zum Inneren Kind.[7]

Übung 13: Einen einfachen Drei-Seiten-Dialog führen

Bevor ich diese Übung erläutere, lassen Sie mich anhand eines Beispiels verdeutlichen, worum es geht:

Ausgangssituation

Ein beruflich erfolgreicher Mann leidet unter Lust- und Antriebslosigkeit. In einem Raum soll er den drei Figuren Inneres Kind, Innerer Erwachsener und Weise Gestalt Plätze zuweisen. Dazu markiert er im Raum ein Dreieck von etwa einem Meter Kantenlänge, jeder Spitze des Dreiecks ist eine Figur zugeordnet. Sobald er nun die Position einer der Figuren einnimmt, verlässt er seine Alltagsidentität und »wird« zu dieser Figur. Durch den konkreten Positions- und damit auch Identitätswechsel treten Figuren dann in Kontakt zueinander. Begonnen wird der Dialog immer auf der Seite des Inneren Erwachsenen.

Seite Innerer Erwachsener

Der Mann stellt sich seine Lustlosigkeit als Kind vor. Er fordert das Kind auf, mitzuteilen, was mit ihm los ist.

Seite Inneres Kind

Der Mann geht nun auf die Position des Kindes, schlüpft in dessen Identität und spricht als Kind. Das Kind beschwert sich darüber, immer nur »vernünftig« und »fleißig« sein zu müssen. Es äußert dem Inneren Erwachsenen gegenüber einige unerwartete Aussagen wie: *»Du denkst nur ans Geld, du willst immer nur machen, machen. Zu mehr bist du nicht fähig ...«*

Seite Innerer Erwachsener

Der Mann wechselt nun wieder auf die Position des Erwachsenen. Er wird zum Erwachsenen, der dem Kind zugehört hat und der ihm antwortet. Der Erwachsene ist erstaunt darüber, was das Kind von ihm hält. Er versucht, das Innere Kind zu überzeugen: *»Geld ist doch gut. Schau doch mal, was wir uns alles leisten können ... ich verdiene das doch auch für dich ...«*

So geht das hin und her, aber es verändert sich an den Haltungen der beiden nichts, der Dialog ist festgefahren.

Seite Weise Gestalt

Der Mann wechselt nun in die Position der Weisen Gestalt. Diese nimmt weder Stellung zu den Standpunkten noch mischt sie sich aktiv in den Austausch der beiden anderen Figuren ein. Aber sie erkennt klar, was geschieht und teilt mit, was ihr auffällt. Sie sagt dem Erwachsenen: *»Du gehst nicht auf das Kind ein.«*

Seite Innerer Erwachsener

Der Mann wechselt wieder die Position. Nach einigem Nachdenken stimmt er der Weisen Gestalt zu und sagt zu dem Kind:» *Okay, dir fehlt etwas. Sag mir, was es ist.* «

Seite Inneres Kind

Der Mann geht auf die Seite des Kindes, um von dort aus zu antworten. Das Kind antwortet:» *Ich will Spaß am Leben haben. Aber Spaß kannst du nicht kaufen.* «

Seite Innerer Erwachsener

Seitenwechsel. Der Erwachsene ist verblüfft darüber, wie stark das Kind ist. Er fragt:» *Was macht dir denn Spaß?* «

Seite Inneres Kind

Seitenwechsel. Das Kind sagt:» *In der Sonne liegen, Eis essen, die Seele baumeln lassen* ... «

Seite Innerer Erwachsener

Seitenwechsel. » *Alles kleine Dinge* «, staunt der Erwachsene. Er erklärt dem Kind, was davon er konkret erfüllen wird und wann und fragt, was das Kind davon hält.

Integration

Nach dem Dialog sagt der Mann:» *Dass mir kleine Dinge und Spaß offenbar so wichtig sind, das ist ein relativ neuer Gedanke für mich. Bisher habe ich immer versucht, etwas Großes zustande zu bringen.* « Dann fällt ihm etwas aus der Kindheit ein. » *Bei uns kam erst die Arbeit und dann das Vergnügen. Aber für Vergnügen war nie genug Zeit, weil immer genug Arbeit da war.* « Dieser Mann kann heute von seinem Inneren Kind eine Menge lernen. Denn es kann ihm die Richtung zeigen, in der mehr Erfüllung auf ihn wartet.

Bevor Sie sich nun selbst in einen Drei-Seiten-Dialog begeben, sollten Sie Folgendes beachten:

- Ziehen Sie sich für den Dialog zurück. Sorgen Sie dafür, ungestört zu sein.
- Weisen Sie jeder Figur eine Position zu, beispielsweise an den jeweiligen Spitzen eines gedachten Dreiecks im Raum.
- Jede Figur spricht und antwortet nur von dieser Position aus. Die Figuren müssen klar getrennt sein.
- Nehmen Sie sich Zeit und hetzen Sie nicht durch den Dialog. Führen Sie die Positionswechsel in Ruhe durch.
- Wenn der Dialog zwischen Innerem Kind und Innerem Erwachsenen so verläuft, dass deren Beziehung schlechter wird, ist es angeraten, auf die neutrale Position der Weisen Gestalt zu wechseln. Von dort aus kann man seine Beobachtungen wertfrei mitteilen.
- Beginnen und beenden Sie den Dialog auf der Seite der Erwachsenen.
- Ausgangspunkt für den Dialog ist eine Situation, in der Sie sich in Konflikt mit sich selbst, mit anderen Personen oder der Welt befinden.

Ziel des Dialogs ist es, liebevoll und in gegenseitiger Anerkennung und Respekt einen Kontakt zwischen Innerem Kind und Innerem Erwachsenen herbeizuführen und daraus Anregungen zum Umgang mit einer Problemsituation zu schöpfen.

Führen Sie den Dialog öfter durch. Sie werden feststellen, dass er mit der Zeit immer leichter zu führen ist. Später wird er innerlich von selbst ablaufen, und Sie brauchen ihn kaum mehr in der ausführlichen Übungsform zu machen. Wenn Sie sich mit dem einfachen Dialog sicher fühlen, können Sie einen Schritt weitergehen und den erlebten Drei-Seiten-Dialog machen.

Übung 14: Einen erlebten Drei-Seiten-Dialog führen

Bei diesem Dialog werden wie im einfachen Drei-Seiten-Dialog die Seiten gewechselt, aber es kommt dabei etwas sehr Wesentliches hinzu. Die Figuren Inneres Kind und Innerer Erwachsener kommunizieren nicht nur verbal, sondern zeigen einander Gefühle und reagieren in Gestik und Körperhaltung aufeinander. Insofern kommunizieren sie exakt wie tatsächliche Personen. Wie reale Eltern und reale Kinder.

Zum erlebten Dialog stellen Sie sich wieder ein gleichseitiges Dreieck vor, dessen Eckpunkte jeweils etwa einen Meter auseinanderliegen. Jedem Punkt ist eine Figur zugewiesen. Sie beginnen den Dialog auf der Erwachsenenseite und beenden ihn auch wieder dort. Dazwischen liegt eine »Aufführung«, die positive und negative Gefühle, Lachen und Weinen, verschlossene oder offene Körperhaltungen beinhaltet. Sollte sich der Dialog festfahren, wechseln Sie die Position und nehmen die der Weisen Gestalt ein. Beschreiben Sie von dort aus neutral die Situation, teilen Sie ohne jede Wertung mit, was Ihnen auffällt. Nehmen Sie dann wieder eine der beiden anderen Positionen ein und setzen Sie den Dialog fort. In dessen Verlauf sollte jede Seite Gelegenheit erhalten, sich *vollständig* auszudrücken: nicht nur verbal, sondern auch emotional und körperlich. Dazu ist es wichtig, die Positionen, die Körperhaltungen und die Gebärden der Figuren sauber voneinander zu trennen, also jede Figur nur an ihrem Platz agieren zu lassen.

Der Ablauf dieser Übung ist der gleiche wie im einfachen Drei-Seiten-Dialog. Das Ziel dieses erlebten Dialogs besteht jedoch darin, dass sich am Ende Heller Erwachsener und Helles Kind begegnen. Am Ende des Dialogs sollte der Erwachsene seine Liebe zum Kind gezeigt haben, und das Kind sollte sich geliebt fühlen.

Damit Sie die wesentlichen Elemente erkennen können, möchte ich Ihnen hier einen solchen Dialog ausschnittsweise schildern:

Ausgangssituation
Ein Mann hat bei der Partnersuche einen Korb erhalten. Er fühlt sich entmutigt und denkt daran, die Partnersuche ganz einzustellen.

Er beginnt den Dialog auf der Seite des Inneren Erwachsenen und spricht zum Kind. Danach wechselt er die Position, antwortet als Kind usw. Ganz wie in einem realen Dialog zwischen Eltern und Kind reagieren die Figuren nicht nur sprachlich, sondern auch emotional und körperlich. Was eine Figur sagt und tut, löst bei der anderen Figur eine Reaktion in allen drei Bereichen aus. Die jeweils aktive Figur kann diese Reaktionen ihres Gegenübers erkennen. Wird die Seite dann gewechselt, »lebt« man diese Reaktionen aus. So können sich die Figuren beispielsweise aufeinander zubewegen oder voneinander entfernen, sich öffnen oder voreinander verschließen etc.

Erwachsener: »Was ist los mit dir, wie geht es dir?« Wahrnehmung des Erwachsenen: Das Kind legt sich auf den Boden und rollt sich zusammen.

Seitenwechsel: Der Mann wechselt auf die Position des Kindes, nimmt dessen Körperhaltung ein und antwortet als Kind.

Kind: »Ich bin traurig, ich habe keine Lust mehr, jemanden zu suchen.«

Wahrnehmung des Kindes: Der Erwachsene lächelt und schüttelt den Kopf.

Seitenwechsel.

Erwachsener: »Das ist doch nicht so schlimm, das war doch bloß ein Korb.«

Wahrnehmung des Erwachsenen: Das Kind bleibt zusammengerollt liegen und dreht sich noch etwas weiter vom Erwachsenen weg.

Seitenwechsel: Der Mann geht auf die Position des Kindes und zeigt dessen Reaktion.

Kind: »Doch, das ist schlimm. Ich finde nie eine, die mich mag.«

Wahrnehmung des Kindes: Der Erwachsene runzelt die Stirn und geht einen halben Schritt zurück.

Seitenwechsel.

Erwachsener: »Nun sieh doch nicht alles so schwarz.«

Wahrnehmung des Erwachsenen: Das Kind verharrt in seiner Körperhaltung und schweigt.

Der Mann wechselt die Position und nimmt die abweisende Haltung des Kindes ein. Er bemerkt, dass er an diesem Punkt nicht weiterkommt. Er steht auf und begibt sich auf die Position der Weisen Gestalt.

Weise Gestalt: »Er ist traurig und du gehst nicht darauf ein.«

Wahrnehmung der Weisen Gestalt: Der Erwachsene sieht das ein, nickt, begibt sich zurück auf seine Position und wendet sich dem Kind zu.

Erwachsener: »Okay, ich sehe ein, dass das schlimm für dich ist. Aber warum ist es so schlimm?«

Wahrnehmung des Erwachsenen: Das Kind öffnet sich und schaut den Erwachsenen an.

Seitenwechsel.

Kind: »Keine mag mich. Ich bin traurig.«

Wahrnehmung des Kindes: Der Erwachsene schaut jetzt teilnahmsvoll und tröstet das Kind, indem er es streichelt. Der Mann wechselt die Seite und tut das.

Erwachsener: »Das verstehe ich. Aber dass dich keine will, das stimmt nicht. Letzte Woche wollte eine, aber die wolltest du nicht.«

Wahrnehmung des Erwachsenen: Das Kind genießt den Trost und öffnet sich weiter. Es lächelt versöhnt und setzt an, etwas zu sagen.

Seitenwechsel.

Kind: »Ja, die gefiel mir nicht, die fand ich affig.«

Wahrnehmung des Kindes: Der Erwachsene bleibt zugewandt und streichelt das Kind weiter.

Seitenwechsel.

Erwachsener: »Du darfst jemand ablehnen, aber jemand darf dich nicht ablehnen?«

Wahrnehmung des Erwachsenen: Das Kind reagiert trotzig und selbstironisch.

Seitenwechsel.

Kind: »Ja, mich darf niemand ablehnen.«

Wahrnehmung des Kindes: Der Erwachsene bleibt geduldig und lächelt und antwortet. Der Mann wechselt die Seite und tut das.

Erwachsener: »Das wäre schön. Aber auch kindisch.«

Wahrnehmung des Erwachsenen: Das Kind stampft mit dem Fuß auf und antwortet. Der Mann wechselt die Seite, stampft mit dem Fuß auf und sagt das.

Kind: »Das ist mir doch egal, ich bin schließlich auch ein Kind.«

Wahrnehmung des Kindes: Der Erwachsene bleibt zugewandt und fragt etwas.

Seitenwechsel.

Erwachsener: »Stimmt! Und was nun?«

Wahrnehmung des Erwachsenen: Das Kind entspannt sich etwas und überlegt.

Seitenwechsel.

Kind: »Wir machen weiter, aber erst mal legen wir eine Woche Pause ein in Sachen Partnersuche.«

Wahrnehmung des Kindes: Der Erwachsene schaut liebevoll auf das Kind und sagt etwas. Der Mann wechselt die Seite und tut das.

Erwachsener: »Ja, in Ordnung. Und dann suchen wir weiter.«

Dieser kleine erlebte Dialog, der hier verkürzt dargestellt ist, hat vielleicht zehn oder fünfzehn Minuten in Anspruch genommen. Er führt zu einer emotionalen Regulierung, er hilft dabei, den Frust zu verarbeiten, den die Abweisung bei der Partnersuche verursacht hat. Der Mann hat die Gefühle der Traurigkeit und Entmutigung wahrgenommen und sich erlaubt, sie auszudrücken. Auf diese Weise kann man mit sich selbst wieder eins werden, indem man Gefühl und Verstand miteinander in Kontakt bringt.

Übung 15: Das Innere Kind zu sich nach Hause holen

Die folgende Übung mag wie ein ungewöhnlicher Vorschlag klingen, aber er wurde von etlichen meiner Klienten bereits erfolgreich erprobt. Er lautet schlicht und einfach: Holen Sie sich das Innere Kind ins Haus. Wie das gehen soll? Ganz einfach: Nähen Sie sich eine Puppe, die Ihr Inneres Kind symbolisiert! Als Erstes brauchen Sie eine Vorstellung davon, in welchem Alter sich Ihr Inneres Kind ungefähr befindet. Meist ist es zwischen drei und sechs Jahre alt, es kann sich aber auch um einen Säugling handeln. Vertrauen Sie hierbei ganz auf Ihr Gefühl. Am besten nähen Sie die Puppe aus alten Kleidungsstücken, wobei Ärmel von Hemden oder Pullovern sich gut als Beine und Arme eignen. Machen Sie die Puppe schön robust, aber auch so weich, dass Sie gut damit knuddeln können. Und vergessen Sie nicht, ihr auch ein Gesicht zu geben.

Mit dieser Puppe, Ihrem externalisierten Inneren Kind, können Sie Dialoge führen. Sie können das Innere Kind auf Ihren Schoß nehmen, ihm Gelegenheit geben, seine Gefühle zu äußern. Es kann in Ihren Armen weinen oder klagen. Sie können ihm Halt und Wärme geben und auf diese Weise Gefühle regulieren, die überhandzunehmen drohen.

Zur Handhabung einer solchen Puppe hier das Beispiel einer Klientin:

Die Frau stand vor einer beruflich wichtigen Prüfung. Sie reagierte mit Paniksymptomen auf diese Anforderung und glaubte, dem Druck nicht standhalten zu können. Sie dachte daran, die Prüfung abzusagen und ihre Arbeit zu kündigen. Sie schlief schlecht und kam nicht zur Ruhe. Ihre zu diesem Zustand gehörenden Überzeugungen lauteten: »Das schaffe ich nie« und »Das ist zu viel für mich, das halte ich nicht aus.«

Woher diese Überzeugungen stammten, war unklar, aber die körperliche Dynamik wies auf eine frühe Störung hin, vielleicht sogar auf Erlebnisse vor oder während der Geburt. Die Ursache ihrer Reaktion war in diesem Fall allerdings nicht vorrangig, der Umgang mit dem Druck war das Ausschlaggebende.

Die Frau nähte sich eine Puppe, das externalisierte Innere

Kind war im Alter von fünf Jahren. Diese Puppe legte sie in ihr Bett, und wenn sie morgens nicht aufstehen wollte, um den Lernanforderungen zu entgehen, dann führte sie einen Dialog mit der Puppe. Sie nahm das kleine Mädchen in den Arm, wiegte es an ihrem Herzen, summte ihm Lieder vor und sprach ihm Mut zu. Anfangs sagte sie zu dem Kind: »Du schaffst das!«, erkannte dann aber, dass sie ihm damit nur noch mehr Druck machte. Sie befragte die Weise Gestalt und erhielt den Hinweis, dass die Erwachsene die Prüfung schaffen müsse, nicht das Kind. Daraufhin änderte sich die Botschaft an das Kind: »*Ich* schaffe das, bitte hab Vertrauen zu mir.« Nun war es an dem Kind, seine Gefühle auszudrücken, es sagte schließlich: »Ja, du kannst das. Ich glaube an dich.«

Als das Kind (die Gefühle der Frau) sich beruhigt hatte, konnte die Erwachsene aufstehen und sich dem Lernstoff widmen. Die Prüfung bestand sie.

Wichtig für diese Klientin war, nicht länger von ihren Gefühlen aufgesogen zu werden und in einem Zustand von Angst und Panik zu verharren. Die Möglichkeit dazu gab ihr die Puppe, über die sie in Kontakt mit ihren Gefühlen treten konnte. Das Innere Kind greifbar zu externalisieren half ihr, sich zu beruhigen und Vertrauen zu sich zu schöpfen.

Es ist nicht jedermanns Sache, sich derart intensiv mit dem Inneren Kind zu befassen. Aber in bestimmten, von Ängsten, Unsicherheiten und Befürchtungen dominierten Phasen kann es überaus hilfreich sein. Und es bereitet Freude, den kindlichen, lebendigen Teil von sich auf dem Sofa neben sich sitzen zu haben und Kontakt mit ihm aufnehmen zu können.

Kapitel 14

Das Innere Kind, andere Menschen und die Welt

Jeder Einzelne ist ständig mit Menschen und der Welt in Kontakt. In einer Gesellschaft werden die sozialen Beziehungen über Interessen und die Kommunikation über Erwartungen gehandhabt. Mit anderen Worten: Konflikte sind nicht nur vorprogrammiert, sondern unvermeidbar. Denn die Interessen der Individuen und Gruppen stehen in Konkurrenz zueinander und Erwartungen aneinander unterscheiden sich.

In Konflikte zu geraten muss aber nicht unbedingt problematisch sein. Zum Problem wird es erst, wenn man seine eigenen Interessen nicht durchsetzen kann oder wenn Erwartetes nicht eintritt.

Konflikte mit nahestehenden Menschen

Bei Konflikten mit Menschen spreche ich hier im Wesentlichen von nahestehenden Menschen, beispielsweise von Bekannten, Arbeitskollegen, Freunden, Familienangehörigen und natürlich Ehe- oder Liebespartnern. Konflikte mit fremden, fernstehenden Menschen ordne ich eher dem Bereich »Welt« zu.

Konflikte mit Nahestehenden sind stets mit emotional bedeutsamen Erwartungen verknüpft, unabhängig davon, ob diese positiver oder negativer Natur sind. Eine negative Erwartung wäre beispielsweise die aus der Lebenserfahrung mitgebrachte Erwartung, von anderen schlecht behandelt zu werden. Darauf stellt man sich ein, etwa indem man sich verschließt oder angriffsbereit hält. Eine solche Haltung, die auf eine Überzeugung wie »Jeder ist sich selbst der Nächste« gründen kann, bleibt meist auch dann bestehen, wenn man einmal gut behandelt wird. Das Misstrauen ist konserviert und wird in jedem Fall Auswirkungen zeigen. Beispielsweise indem Menschen den Kontakt mit dem Betreffenden meiden, weil sie nicht an ihn herankommen. Oder indem der Betreffende ständig in Auseinandersetzungen gerät, oder indem er sich selbst in sein Schneckenhaus zurückzieht etc.

Eine positive Erwartung wäre beispielsweise, wenn jemand das Gegenteil für wahr hält und sich nach dem naiv anmutenden Motto »Die Menschen sind grundsätzlich gut« verhält. Derjenige wird möglicherweise zu viel Vertrauen in andere investieren und bietet sich als Opfer für Manipulationen an.

Jede Erwartung, gleich ob positiv oder negativ, kann sich konflikthaft auswirken, indem sie bestätigt oder enttäuscht wird. Als Reaktionen auf das Eintreten oder Ausbleiben des Erwarteten bieten sich dann Enttäuschung, Verhärtung, Anpassung, Bemühen, Vorwürfe, Neid, Klagen, Forderungen, Hass oder andere Reaktionen an. Das ist so weit menschlich, aber wenn sich solche Reaktionen verselbstständigen, leidet man selbst am meisten darunter. Es sind Reaktionen des Inneren Kindes.

Ein Konflikt mit Menschen ist so gesehen auch ein Konflikt mit sich selbst. Man leidet unter dem eigenen Verhalten, weil man glaubt, sich dem anderen gegenüber auf diese ganz bestimmte Weise verhalten zu müssen. Dazu ein Beispiel:

Herr Schulz gerät regelmäßig in Streit mit seinem reichen Schwager, der etliche Miethäuser geerbt hat. Er findet es ungerecht, dass sein Schwager so viel Geld hat und er nicht. Immer wieder geraten die beiden in Streit, wobei jeder versucht, den anderen ins Unrecht zu setzen. Herr Schulz leidet an diesem Konflikt, auch weil er deswegen von seiner Frau kritisiert wird.

Wo liegt bei Herrn Schulz der Konflikt mit sich selbst? Eigentlich will er einen guten Kontakt zu seinem Schwager haben, zugleich aber neidet er ihm den unverdienten Reichtum. Es schlagen also zwei Seelen in seiner Brust: Die eine bringt Sympathie für den Schwager auf, die andere distanziert sich von ihm. Die Neidgefühle sind allerdings dominierend, sie bestimmten den Kontakt zum Bruder seiner Frau.

Wie könnte Herr Schulz mit diesem Konflikt umgehen? Dazu bietet sich ein Dialog mit dem Inneren Kind an. Beispielsweise der einfache Drei-Seiten-Dialog, der in Übung 14 beschrieben wurde. Dabei käme Folgendes heraus:

- Die starken Gefühle lassen sich als Inneres Kind begreifen, das sagt:»Ich finde es ungerecht, dass der so viel Geld hat und ich nicht.«
- Ein Dunkler Erwachsener würde antworten:»Verkneif dir deinen Neid und stell selbst was auf die Beine.«
- Ein Heller Erwachsener würde hingegen sagen:»Du

hast recht, es ist ungerecht, dass der eine erbt und der andere nicht. Aber was willst du eigentlich von deinem Schwager?«

• Der nun folgende Dialog zwischen Innerem Kind und Innerem Erwachsenen kann zur Klärung dieser Frage führen: In diesem Fall wollte das Kind eine Bestätigung seiner Ansicht. Vom Schwager selbst ist diese natürlich kaum zu erwarten, aber im Dialog hat es diese vom Inneren Erwachsenen erhalten. Nach dieser Erkenntnis erübrigt sich jeder Streit mit dem Schwager, weil Herr Schulz fortan nicht länger dessen Bestätigung erwartet. Er hat seinen Standpunkt mit sich selbst geklärt und kann seinem Schwager nun selbstbewusster und gelassener gegenübertreten.

Es ist sehr hilfreich, Konflikte mit anderen Menschen als Konflikte mit sich selbst zu betrachten. Damit soll nicht gesagt werden, dass andere keinen Anteil an den mit ihnen erlebten Konflikten haben. Aber verändern kann man andere nicht, verändern kann man nur sich selbst beziehungsweise die eigene Reaktion anderen gegenüber. In der Regel wird sich dann auch deren Verhalten entsprechend ändern.

Weil man bei sich selbst ansetzen muss, bei seinen eigenen emotionalen oder kommunikativen Reaktionen auf andere, erübrigen sich eigene Übungen zum Thema »Umgang mit anderen Menschen«. Es empfiehlt sich im Konfliktfall, eine der bereits vorgestellten Übungen zu machen, um den versteckten Ursachen eines Konflikts auf den Grund zu gehen.

Konflikte mit der Welt

Neben Konflikten mit nahestehenden Menschen kann man auch in Konflikte mit der Welt geraten. Zur Welt gehört im Grunde alles, was außerhalb des persönlichen Einflussbereichs liegt: fremde Menschen, Institutionen, Behörden, gesellschaftliche Gruppen, politische Parteien, Staaten, aber auch die Natur. Bei diesen Konflikten geht es vorwiegend um Macht beziehungsweise um Ohnmacht. Manche sind besser in der Lage, ihre Interessen durchzusetzen als man selbst, oder man gerät in soziale oder politische Entwicklungen, im Extrem in soziale Spannungen. Man ist der Natur und dem ausgeliefert, was einem unvorhersehbar zustößt und das allgemein »Schicksal« genannt wird, etwa eine Krankheit, ein Unfall etc.

All das geschieht, ob man es will oder nicht, und nicht selten hat man ein Problem mit diesen Entwicklungen. In Konflikt mit der Welt zu sein und die Welt nicht verändern zu können schafft Leiden. Warum? Weil man andere Erwartungen hat, weil man Frieden oder Gerechtigkeit oder Menschlichkeit oder Gesundheit und ein langes Leben oder Vergleichbares erwartet.

Erwartungen gehören zum Leben dazu. Jedes Baby bringt eine Reihe von biologisch verankerten Erwartungen mit, beispielsweise erwartet es Halt, Wärme, Nahrung, Fürsorge. Später kommen andere Erwartungen hinzu, etwa die, gefördert zu werden, gerecht behandelt zu werden, geschützt, geliebt zu werden etc. Aber die Welt ist nicht gerecht. Und deswegen schafft sie Leid: Ein Kind kommt gesund zur Welt, ein anderes behindert. Ein Kind hat liebevolle Eltern, ein anderes wird vernachlässigt. Ein Mensch wächst im Frieden auf, ein anderer im Krieg. Ein Mensch bleibt gesund, ein anderer erkrankt. Einer wird reich, ein anderer erhält nie die Chance dazu.

Wie geht man nun mit dieser Ungerechtigkeit, diesem Leiden an der Welt um? Mit all den enttäuschten Erwartungen, dem Gefühl der Ohnmacht? Hier bieten sich Dialoge mit dem Inneren Kind an. In der Figur des Inneren Kindes kann man Erwartungen an die Welt verkörperlichen und so besser mit ihnen umgehen.

In diesen Dialogen ist es wichtig, ein Heller Erwachsener zu sein, jemand, der die Gefühle des Kindes versteht und ihm Raum gibt, diese auszudrücken. Jemand, der dem Kind keine Vorhaltungen macht, sondern bei ihm ist. Jemand, der die Möglichkeiten und Grenzen seines Tuns erkennen kann. Bei Konflikten mit der Welt kann daher der Weisen Gestalt eine große Bedeutung zukommen. Denn diese hält sich aus dem direkten Kontakt zwischen Innerem Kind und Innerem Erwachsenen heraus, sie urteilt und wertet nicht, aber sie kann ihre Beobachtungen mitteilen.

Welche Konflikte mit der Welt könnten in einem Dialog aufgegriffen werden? Dazu einige Beispiele:

Jemand ist in einer Umweltgruppe aktiv, die sich vorgenommen hat, ein Moorgebiet zu schützen. Als das nicht gelingt, ist derjenige niedergeschlagen und entmutigt.

Jemand engagiert sich politisch oder sozial, aber sein Bemühen wird nicht vom erwünschten Erfolg begleitet. Derjenige ist wütend und hilflos.

Jemand gerät in Konflikt mit einem Nachbarn. Er könnte in einem Dialog zwischen Verstand und Gefühl klären, wie er sich dem Nachbarn gegenüber verhalten will.

Wie auch immer der Konflikt konkret aussieht, den jemand mit der Welt, also mit anderen, nicht nahestehenden Menschen und Institutionen erlebt, in jedem Fall sind Verstand und Gefühle daran beteiligt. Wenn die Spannungen zwischen diesen rationalen und emotionalen Anteilen zu groß wird, lässt sich der eigene Umgang mit der Lage in einem Dialog der beiden Kräfte klären.

Nachwort

Ich hoffe, ich konnte Ihnen in diesem Buch zeigen, dass das Innere Kind ein lebenslanger Begleiter ist. Daher ist es sehr hilfreich, einen guten Kontakt zu ihm aufzubauen und diesen aufrechtzuerhalten.

Um Missverständnissen vorzubeugen, möchte ich zum Schluss noch auf einige Fragen eingehen und Hinweise zu den von mir entwickelten Möglichkeiten geben, mit dem Thema umzugehen.

Nach der Lektüre dieses Buchs kann die Frage aufkommen, ob die Arbeit am Inneren Kind die Lösung für (fast) alle unsere Probleme darstellt. Natürlich nicht! Wenn man ein Problem aus der Vergangenheit gelöst hat, befreit einen das ja nicht von aktuellen oder zukünftigen Problemen. Die wichtigere Frage lautet: Kann man Probleme überhaupt lösen?

Ich halte die Begriffe des *Umgangs* mit Problemen oder der *Bewältigung* von Problemen für passender. Denn die Aufgabe der Problemlösung ist eine nicht endende Aufgabe. Ist ein Problem bewältigt, kommen später andere dazu. Sie kommen mit dem Alter, mit Schicksalsschlägen und unerwarteten Entwicklungen, mit sich ändernden Bedürfnissen. Ein guter Umgang mit dem Inneren Kind ist daher kein Glücksgarant, sondern er dient der Regulierung emotional problematischer Zustände.

Hinzu kommt: Probleme sind kein lästiges, unnötiges Zeug, sondern sie werden gebraucht, um anhand ihrer Bewältigung die Richtung zu finden, die das Leben von dort an nehmen soll. Probleme sind Wegweiser. Wer sich hierfür interessiert, sei auf mein Buch *Wer etwas ändern will, braucht ein Problem* verwiesen.

Ein Aspekt, auf den ich an dieser Stelle auch noch eingehen möchte, sind die Gefahren bei der Arbeit mit dem Inneren Kind. Laut Wikipedia gehört die Arbeit mit dem Inneren Kind zu den »aufdeckenden Methoden« und sollte nur von Fachkräften angeleitet werden. Dazu möchte ich sagen, dass man auf verschiedene Weise mit dem Inneren Kind umgehen kann: aufdeckend oder stabilisierend. Wenn jemand an einem besseren Umgang mit seinen Gefühlen interessiert ist, dann ist in seinem Leben bereits etwas »aufgedeckt«. Der eigenverantwortliche Umgang mit dem Inneren Kind kann dann zur Stabilisierung der Person beitragen. Die Arbeit sollte aber nicht eingesetzt werden, um mutwillig in der Vergangenheit zu wühlen.

In manchen Momenten ist die Arbeit mit dem Inneren Kind auch nicht angebracht. Das ist der Fall, wenn akute emotionale Krisen so stark sind, dass der Betroffene von seinen Gefühlen beherrscht wird und die Distanz zu sich verliert. In diesem Fall bedarf der Mensch der Begleitung durch einen qualifizierten Psychotherapeuten. Professionelle Hilfe ist ebenfalls angesagt, wenn der Leidensdruck sehr groß ist und die Gefahr besteht, den Alltag nicht länger bewältigen zu können. Davon Betroffene sollten therapeutische Hilfe bei einem tiefenpsychologisch arbeitenden Psychologischen Psychotherapeuten aufsuchen, die Kosten dafür werden von den Krankenkassen übernommen.
Wenn Sie an Möglichkeiten zum Umgang mit dem Inne-

ren Kind interessiert sind, die über dieses Buch hinausgehen, finden Sie Hinweise dazu im Anhang.

Ich bedanke mich bei Ihnen für die Lektüre und wünsche Ihnen einen liebevollen Umgang mit Ihrem Inneren Kind.

Anhang

Weitere Möglichkeiten zur Arbeit mit sich selbst

Die Übungen, die ich in diesem Buch vorschlage, gehören zum großen Feld der »Arbeit mit sich selbst«. Ich bin stets der Meinung gewesen, dass es möglich und hilfreich ist, selbst mit den psychischen Bewegungen umzugehen, die das moderne Leben mit sich bringt. Es gibt keinen Grund, Psychologen ein Monopol für den Umgang mit den ganz normalen Problemen des Lebens zu verleihen.

Zum eigenverantwortlichen Umgang mit dem Thema »Inneres Kind« biete ich verschiedene Möglichkeiten an, die über dieses Buch hinausgehen.

Dazu gehört »Die Erweiterung des inneren Raumes« – eine kleine Übung, die Sie zur Einleitung vor jeder Übung dieses Buchs machen können. Es handelt sich um eine Audiodatei, die Sie sich aus dem Internet[8] herunterladen und dann vom Laptop oder per USB-Stick abspielen können.

Eine effektive Möglichkeit der Vertiefung des Themas bietet der E-Learnig-Video-Kurs »Umgang mit dem Inneren Kind«. Darin demonstriere ich in erster Linie die Übungen, die in diesem Buch enthalten sind. Das ist die hilfreichste Unterstützung beim Umgang mit dem Inneren Kind, die ich anbieten kann. Sie finden ein kostenloses Demo zu diesem Videoseminar auf meiner Homepage unter dem Menüpunkt »E-Learning«.

Eine weitere Möglichkeit zur Arbeit mit sich selbst bietet das Arbeitsbuch *Anleitung zur Selbstliebe*. Hierbei handelt es sich um eine Anleitung, anhand der man die Spuren der Vergangenheit aufdecken und seine Lebenshaltung verändern kann. Am ehesten vergleichbar mit einem Tagebuch – jedoch intensiver und aufschlussreicher –, leite ich Sie dazu an, Ihr eigenes Lebensbuch zu gestalten. Sie durchlaufen dabei 31 Stationen Ihres Lebens. Dafür ist ein Zeitaufwand von knapp dreißig Stunden erforderlich, verteilt über einen von Ihnen selbst bestimmten Zeitraum.

Anmerkungen

Vorwort

1 Die Transformations-Pyramide, 1986 by Michael Mary. Michael Mary, *Begegnungen mit dem Inneren Kind,* Verlag Henny Nordholt.

Kapitel 3, Abschnitt »Das Innere Kind in Beziehung zum Liebespartner«

2 Michael Mary, *Wie Männer und Frauen die Liebe erleben,* als Print oder E-Book, Verlag Henny Nordholt.

3 Zum Phänomen der verschlossenen Tür kann man sich ein Video auf YouTube ansehen (https://youtu.be/gIIlLYIDi9I).

Teil II: Der Umgang mit dem Inneren Kind in der Theorie

4 Michael Mary, *Wer etwas ändern will, braucht ein Problem,* als Print oder E-Book, Verlag Henny Nordholt.

Kapitel 10: Selbstliebe

5 Siehe zu diesem Thema ausführlich vom Autor *Die Glückslüge,* Verlag Henny Nordholt.

Kapitel 11: Mit Ängsten umgehen

6 Siehe hierzu vom Autor *Wie Lebensträume wahr werden*, Verlag Henny Nordholt.

Kapitel 13: Dialoge mit dem Inneren Kind führen

7 Auf der Homepage von Michael Mary finden Sie den Zugang zu diesem Online-Kurs mit dem Titel »Umgang mit dem Inneren Kind«.

Nachwort

8 Sie finden diese Übung unter der Adresse: »http://michaelmary.de/innererraum.mp3«. Öffnen Sie die Datei im Browser und klicken Sie mit der rechten Maustaste darauf. Dann können Sie einen Speicherort für die Datei aussuchen und diese speichern.

Wie man über Geld spricht, ohne die Liebe zu riskieren

Michael Mary

Die Liebe und das liebe Geld

Vom letzten Tabu in
Paarbeziehungen

Piper Taschenbuch, 272 Seiten
€ 11,00 [D], € 11,40 [A]*
ISBN 978-3-492-31202-8

Streit über das Geld gehört, so berichten Wissenschaftler, zu den bedeutsamsten Konfliktpunkten bei Paaren. Doch wie hängen Geld und Liebe zusammen, und welchen Einfluss nimmt das eine auf das andere? Michael Mary liefert Erkenntnisse und Anregungen, wie jedes Paar erkennen kann, welche Rolle Geld in seiner Beziehung spielt, um dann zu entscheiden, wie es damit umgehen möchte.

Leseproben, E-Books und mehr unter **www.piper.de**

Wie wir uns selbst oft im Weg stehen

Carol Dweck

Selbstbild

Wie unser Denken Erfolge oder
Niederlagen bewirkt

Aus dem Englischen von
Jürgen Neubauer
Piper Taschenbuch, 320 Seiten
€ 11,00 [D], € 11,40 [A]*
ISBN 978-3-492-31122-9

Spitzensportler, Geigenvirtuosen, Elitestudenten – in der Regel sprechen wir Erfolge den Begabungen des Menschen zu. Doch dieser Glaube ist nicht nur falsch, er hindert auch unser persönliches Fortkommen und schränkt unser Potenzial ein. Entscheidend für die Entwicklung eines Menschen ist nicht das Talent, sondern das eigene Selbstbild. Was es damit auf sich hat, wie Ihr eigenes Selbstbild aussieht und wie Sie diese Erkenntnisse für sich persönlich nutzen können, erfahren Sie in diesem Buch.

Leseproben, E-Books und mehr unter **www.piper.de**

*Cover- und Preisänderungen vorbehalten

PIPER